進む航空と鉄道のコラボ

空港アクセスが拓く交通新時代

杉浦一機
Sugiura Kazuki

交通新聞社新書 083

はじめに

羽田から航空機で新千歳空港に到着したあと、そのままスムーズにトマムやニセコ行きの直通特急に乗れたら、あるいは宮崎空港に到着後、空港駅で待っている観光列車に乗れたら、どんなに楽しいことだろう。

重たい荷物を持ってアクセスを探し回ることも、空港アクセスにむだな時間を費やすこともない。まさに、航空と鉄道のコラボレーション（連携）ならではの旅になる。それを可能にする設備はかなり整っているのだが、実際に運用するにはさまざまなハードルがある。

日本では昔から、輸送機関が縦割りで整備されてきたため、輸送機関自体も異なる交通モードを競合相手と見なし、垣根を越えた協力に消極的だった。そのため、鉄道が航空に協力することは、「敵に塩を送る」ことだとさえ考えられてきた。

それでも近年は、鉄道が空港アクセスに乗り出す例が増えて、大いに便利になった。羽田空港における東京モノレールと京浜急行電鉄線、成田におけるJRの「成田エクスプレス」と京成電鉄の「スカイライナー」、新千歳におけるJRの快速「エアポート」（一部は特急「スーパーカムイ」)、中部における名古屋鉄道の「ミュースカイ」、関西におけるJRの「はるか」と南海電気鉄道の「ラピート」、などである。しかも、これらの鉄道は空港の中に駅舎があるので、風雨にさらされることもなく、エアコンの効いた通路で、簡単に乗り換えができる。

利用してみると本当に楽で、「飛行機の出発に間に合うのだろうか」という不安も、信頼性の高い鉄道の定時性で一掃される。加えて昨今では、空港アクセス用の専用車両が開発され快適性が向上しただけでなく、旅行用の大型トランクが収納できたり、4カ国語の案内放送が流れたりと、外国人観光客からも評判が良い。

だが、日本における航空と鉄道の連携は、自宅やオフィスと空港の間などの近距離を移動する「補助手段」に限られている。一方、フランスでは、長距離を移動する航空と短・中距離を移動する高速鉄道を連携させることで、新たな輸送サービスを開発した。1980年代に航空が自由化された欧州では、主要空港間でハブ空港の地位を獲得する競争が繰り広げられた。ハブ空港とは、南北アメリカやアジアなどからの長距離便で飛来する旅客が欧州内路線に乗り換える基幹空港のことだが、パリでは長距離便の発着はシャルル・ド・ゴール空港、欧州内の短・中距離便の発着はオルリー空港に分かれていたため、この競争から脱落した。

そこで、フランスが巻き返しを図るために採った戦略が、航空と高速鉄道の連携だった。シャルル・ド・ゴール空港に高速鉄道TGVを引き込み、利便性をアピールした結果、同空港はロンドン、フランクフルトとともに欧州の三大ハブ空港の座を獲得することができたのである。

この戦略を北海道に当てはめれば、新千歳空港に降り立つ旅客を、快速「エアポート」や新たな直通特急でトマム、ニセコ、釧路、帯広など道内各地にスムーズに送り届けることになる。関西空港であれば、「はるか」の運転区間を拡大してビジネス客や観光客の便宜を図ることであり、宮崎空港であれば直通特急や観光列車を空港駅に乗り入れることとなる。

また、近年急増している訪日外国人観光客の輸送には、国内の鉄道輸送網を積極的に活用するのが望ましい。

地方空港に到着した外国人観光客が鉄道ネットワークを利用すれば、日本各地を短期間に観光することが可能となり、バラエティ豊かな周遊ルートを形成できる。すでに、太平洋側の南紀白浜空港から入国した観光客が、鉄道旅行を楽しんだあと、日本海側の小松空港から出国するという、日本の多様性を体感できるツアーも発売されている。九州新幹線を活用すれば、福岡空港から入国し、鹿児島空港から出国する九州周遊ツアーも実現できる。

このような航空と鉄道の連携による新たな輸送ルートの確立は、さまざまな地域の交流人口を拡大させ、日本の喫緊の課題である「地方の人口減少」への対策、さらには「地方創生」の動きにも寄与する。鉄道に限れば、その恩恵が及ぶ範囲は限られていた。新幹線の開通区間の沿線地域はヒトやモノが集まって活性化するが、周辺や以遠の地域では東京・大阪など主要都市との所要時間や利便性の格差が広がってしまい、人口は吸い上げられて過疎化に歯止めがかからなかった。だが、航空と連携すれば、周辺地域にも時間短縮の恩恵が及ぶ。

さらに、ＬＣＣ（格安航空会社）などで観光客が増加すれば、地方経済はプラスになる。地域での消費が増え、産業は活性化し、雇用が増え、人口は増加する。北海道を例に挙げれば、将来の新幹線開業の影響もあり、札幌・函館以外の地域では人口減少がさらに進むだろうが、新たな輸送ルートの確立によって国内外からの観光客が増えれば、交流人口の拡大で全道が活性化し、人口減少に歯止めをかけられる。

幸い日本では全国に鉄道網が整備され、１００近い空港が存在する。航空と鉄道のコラボが進めば、これらの交通インフラは最大限に威力を発揮し、より広い地域の人々がその便益やさまざまな効果を享受できるだろう。

本書では、航空と鉄道のさらなるコラボによってもたらされる長距離交通サービスの充実・向上のさまざまな可能性と、その効果について論じてみたい。

進む航空と鉄道のコラボ――目次

はじめに……………3

第1章　航空と鉄道が切磋琢磨した時代……………15

1　**航空と鉄道の競争の始まり―欧米―**……………16
大量輸送を切り開いた鉄道／16　鉄道の市場を侵食した航空／20
郵便輸送で開拓した夜間飛行／25　航空会社に鉄道会社が参画!?／29
快適な機体で人気が出た航空／32　高速鉄道で甦った欧州／36

2　**激しい死闘を繰り返した東海道―日本―**……………40
直接対決の場だった東京～大阪間／40　ジェット化で優位に立った航空／43
新幹線で巻き返した鉄道／47　新幹線建設が圧迫した国鉄財政／49
「航空機に勝つ新幹線」の開発／52　航空の対抗策は「シャトル便」／54
新幹線「第2の創業」／58

3　**変わる競争の構造**……………60
鍛えられる航空の新幹線対抗策／60　「自由席」で強みを発揮する新幹線／63

深まらない協力関係／65　ＬＣＣで変わった競争関係／67
「上級クラス」で始まった新たな戦い／70
新たな飛躍を目指す羽田空港／75
4　**鉄道に期待する航空のサービス**…………78
新幹線駅にも欲しい「ラウンジ」／78　バラエティ豊かな座席／81
カウンター席の食堂車／83　ヘリンボーン型半個室シート／85
テレビモニター／87　荷物の宅配サービス／89
第2章　コラボで新たな段階に進化した例…………91
1　**空港戦略にＴＧＶを組み込み復権したフランス**…………92
地理で恵まれた日本／92　航空機の進化でハブ空港を失った国／93
ＴＧＶとの連携でハブの座を奪回したパリ／95
2　**交通モードの棲み分けを図る欧州**…………99
１９８０年代から進められてきた「総合交通政策」／99
空と陸で変わる景色／101

3 アジアでも増える高速鉄道の空港乗入……102
全土で新幹線の建設が進む韓国／102　アクセスにリニア鉄道／104

第3章　増える空港アクセス鉄道……107

1 アクセスは二の次の日本……108
1万円を超えるタクシー代／108　空港アクセスの責任者は誰だ／111
空港アクセスを担っているという自覚／116　真剣味が足りない空港バス／117
「自宅から搭乗まで30分」のシンガポール／121　低すぎる日本の目標タイム／125

2 増える鉄道系のアクセス……129
（1）競争力回復に期待の東京モノレール……129
（2）羽田アクセスの主役に躍り出た京浜急行電鉄……136
（3）成田まで36分に短縮した京成電鉄……144
（4）中部国際空港に乗り入れる名古屋鉄道の「ミュースカイ」……147
（5）振るわない関空のアクセス鉄道……152
（6）活かせてない宮崎空港の鉄道駅……163

第4章　望みたいアクセス鉄道……169

1　期待される羽田の新線……170
突如浮上したＪＲの羽田アクセス新線／170
影が薄くなる「都心直結線」／174
調整が進まない蒲蒲線／176

2　できそうな鉄道新線……179
「成田エクスプレス」の成田スカイアクセス線への乗り入れ／179
仙台空港～山形駅間に空港特急を／183
広島空港に欲しい鉄道アクセス／185
山口空港をかすめる宇部線を活用／188
博多・福岡～北九州空港のアクセス鉄道／193

3　海外では市内でチェックインする時代に……197
増える「インタウン・チェックイン」／197
打ち切られた「インタウン・チェックイン」／203

幻の「東京駅チェックイン」／206
列車内での航空チェックイン／208
空港を近づけるためにも騒音を減らせ／209

第5章　鉄道と航空の連携で変わるネットワーク……213

1　インバウンドで目指す地方創生……214
外国人が魅かれる地方の魅力／214　人口減少を補う波及効果／217
国も進める地方への拡大／219　地方拡大のネックは旅行手配／221

2　「連携」で以遠圏の利用者をいかに増やすか……224
競合で「選択の構図」になった／224
空港空白県を鉄道で解消せよ／228

3　航空と鉄道の連携への具体的提案……231
新千歳空港プラス特急のネットワーク／231
「函館」新幹線プラス道内の航空ネットワーク／237
上越新幹線を新潟空港に引き込む／241

新幹線の羽田空港乗り入れ／247
山梨・長野県民も望む横田基地の共用化／249
知事が本腰を入れる新幹線静岡空港駅／252
リニア中央新幹線開業後の伊丹空港の活用／257
熊本空港プラス九州新幹線／262
4 まとめ……………266
ほとんど消滅する「空港空白県」／266　アクセスは空港機能の一部／270
あとがき……………272
参考文献……………276

第1章

航空と鉄道が切磋琢磨した時代

1　航空と鉄道の競争の始まり　―欧米―

大量輸送を切り開いた鉄道

鉄道の歴史は、馬車の延長線として始まった。16世紀のドイツの炭鉱では、木製のレールに乗せられた貨車を馬が曳いていたが、輸送力も速度もまだまだ未熟なものだった。輸送機関における鉄道の地位を確立したのは、イギリスのリチャード・トレビシックが発明し、ジョージ・スティーブンソンによって実用化された蒸気機関車である。

蒸気機関車は1830年に開業したリバプール・アンド・マンチェスター鉄道で旅客列車の機関車に採用され、港町リバプールと内陸の工業都市マンチェスター間（56㎞）を走った。鉄道は人や物資の輸送をスムーズにして産業に寄与しただけでなく、新鮮な水産物や農産物を豊富に運び、都市の暮らしを一変させたのだった。

「初期の列車は平均時速が20マイル（約32㎞）に過ぎなかったが、それでも駅馬車なら何日もかかっていた旅が、数時間ですむようになった。物資については、かつて荷馬車から運河船、そして再び荷馬車へと積み替えていたのが、街の中心部にあるターミナル駅まで直接運べるようになって、荷主も製造業者も輸送費を大幅に削減できるようになった。」（『世界鉄道史』クリスティアン・ウォルマー：著）。

鉄道は産業革命の起きたイギリスで高い評価を受け、一気に建設が進む。１８５０年には、ロンドン、ブリストル、サウサンプトンなど、イギリスの背骨にあたる最重要都市間に総延長７０００マイル（約１万１２００㎞）の鉄道網が整備された。イギリスは鉄道の有用性に目覚め、有効に活用した最初の国と言える。イギリス以外ではフランスなど西ヨーロッパ諸国でも鉄道建設が進む。列強国は植民地経営の一環として南北アメリカ大陸やオーストラリアに鉄路を建設したこともあり、「世界の鉄道網は第一次大戦の始まった１９１４年には１１０万㎞に達した。」（『世界大百科事典』加藤周一：編）。

アメリカもまた、鉄道建設に熱心だった。19世紀のアメリカでは、東海岸に人口が集積していたこともあって、ニューヨーク、フィラデルフィア、ワシントン、ボルティモアの主要港と、工業の後背地であるアルゲニー山脈西側との間に、ボルティモア・アンド・オハイオ（Ｂ＆Ｏ）鉄道が１８３０年に開業した。１月に開業したのはわずか１・５マイル（約２・４㎞）で、鉄路の上を馬が客車を曳く「馬車鉄道」だったが、５月には蒸気機関車「親指トム」号が馬車に取って代わった。「親指トム」の速度は、時速6マイルから15マイルにアップしたものの、8月に行われた荷馬車との公開競走では敗退するという不名誉なエピソードが残っている。しかし、スピードアップの努力は成果を上げ、１８３１年８月には時速30マイル（約48㎞）での運転が始まった。その後も、チャールストン・アンド・ハンバーグ鉄道、モホーク・アンド・ハドソン鉄道なども誕生し、「大西洋岸を中心に、40年には約３５００㎞、50年には約１万４４００㎞の鉄道網を張り巡らした。」（『世界大百科事典』加藤周一：編）。

１８４８年にはカリフォルニアで金鉱脈が発見され、１８５０年代に西部でいわゆるゴールドラッシュが起こったことから、大陸横断への関心が高まる。１８５８年にはセントルイス～サンフランシスコ間で初の大陸横断駅逓馬車の運行が始まる。所要日数は30日間、運賃は２００ドルもした。

アメリカ政府は東海岸と西海岸の横断鉄道を整備するために、ルートを中央（ネブラスカ州オマハ～カリフォルニア州サクラメント）に絞り、建設の促進を図る「太平洋鉄道法」を１８６２年に成立させた。オマハではユニオン・パシフィック鉄道が設立され、カリフォルニア側ではセントラル・パシフィック鉄道が工事を始め、１８６９年につながった。『アメリカの鉄道史』によると、サンフランシスコ～ニューヨーク間の運賃は、１等は金貨１１２ドル、紙幣１５０ドル、2等は金貨52・30ドル、紙幣70・00ドルで、最速の直通急行の所要時間は、サンフランシスコ発の東行きで、シカゴまで4日間、ニューヨークまでは6日間を要していた。

その後も各地で鉄道建設は進み、１８７０年には鉄道網が約８万４７００km に到達。大陸横断鉄道は１９００年頃までに４ルート以上が整備され、ニューヨーク～シカゴ～ロサンゼルス間は84時間に短縮され、鉄道会社は、幹線を運行する10社の「大鉄道」と、ローカル線を担当する「ショート・ライン」に分けられた。

アメリカの鉄道輸送網の建設のピークは１９１６年。総延長距離は欧州全体を超える25万４０００マイルに達し、１３１２社の鉄道会社が都市間を利用する旅客の98％、運河輸送を除く貨物のほぼ１００％を担っていた。蒸気機関車の高性能化も進み、１９０５年にはペンシルベニア鉄道の「ブロードウェイ特急」が旅客列車として最高時速１２７・０６マイル（約２０４km）の記録を樹立し、１９３６年にはユニオン・パシフィック鉄道の関節式機関車が最高時速80マイル（約１３０km）で山越え特急「チャレンジャー」号のけん引を開始した。また、豪華な設備と食事を売り物にした寝台車「プルマンカー」が人気を集め、１９２０年代には全米で９８００両が活躍、一晩に10万人が寝台車の旅を楽しんだ。まさに、アメリカは「鉄道大国」だったのである。

鉄道輸送量のピークは大戦中に達したが、終戦で戦時の特需がなくなっただけでなく旧態依然の設備・経営から抜け出せなかったこともあり、戦後はマイカーやバス、航空機に押される。その結果、鉄道のシェアは、１９５７年に航空に逆転された。軍事用から旅客用に改造された航空機が大量に飛び始め、また、輸送効率の良い大型機の開発により運賃が引き下げられ、庶民が利用しやすくなったからである。

「1960年頃、総延長は22万マイル、600余りの会社があり、アメリカ鉄道協会では1級、2級、3級及び入換発着会社に分類された。「1級鉄道」は年間収入300万ドル以上の鉄道で、同年、106社に達し、それだけで、鉄道の総収入の95%を占めた。「1級鉄道」に限れば、1950年の総収入6億9300万ドルが1960年には4億万ドルとなり、低落傾向が定着した。そのうち旅客部門は平均してわずか10%程度であり、低落のスピードが貨物よりも速かった。」(『アメリカの鉄道史』近藤喜代太郎:著)。

ちなみに2001年の距離別機関別調査によれば、日本では300～700㎞は鉄道が最大シエア(500～700㎞では69・1%)を占めているが、アメリカでは3～240㎞、1000㎞以上を含め、どの距離でも2～3%しか占めていない有様だ(『アジア諸国における都市間交通の開発』運輸政策研究機構)。今や、アメリカでは東海岸の一部を除いて、鉄道は航空のライバルではない。

鉄道の市場を侵食した航空

航空会社の歴史は、飛行船から始まった。１８５２年にフランス人のアンリ・ジファールが蒸気機関を付けた飛行船を開発し、１８９７年にオーストリア人のダーフィット・シュヴァルツが気嚢《きのう》（飛行船や気球を浮揚させるためのガスを入れる袋）を硬い骨組みの中に入れて飛行する「硬式飛行船」を開発。その後、飛行技術の改良が続けられ、１９１０年にはドイツ飛行船旅行㈱（ＤＥＬＡＧ）が、「ツェッペリン飛行船」を使って最初の定期航空輸送を始めた。飛行船はスペースが広く、ダイニングスペースなどもあって根強い人気はあったが、速度が時速80～１００㎞と遅い上に風に大きく影響されて操船を機敏にできないこともあり、鉄道など競合する国内輸送には勝てなかった。

代わって注目されたのが、１９０３年にライト兄弟が人類初の有人動力飛行を成し遂げた飛行機だった。当初は１人の人間を乗せて数十㎞を飛ぶのがやっとの状況だったのだが、１９０９年にはフランス人のルイ・ブレリオが、フランス・カレからイギリス・ドーバーまでのイギリス海峡横断飛行に成功し、イギリスの新聞社であるデイリーメイルの懸けていた賞金１０００ポンドを獲得した。このように、多くの〝冒険野郎〟が果敢に空へ挑戦し続けたことから航空機の開発は急速に進んだ。

１９１４年には、世界初の定期航空路がアメリカ・フロリダ州のセントピーターズバーグとタンパの間に開設された。セントピーターズバーグはフロリダ半島の中程の西側にあり、半島の反対側には、昨今ロケットの打ち上げ基地になったジョン F・ケネディ宇宙センターがある。ビジネスで関係の深いタンパまでの間の直線距離はわずか29㎞なのだが、間にはタンパ湾が深く入り込んでいるために、海上を直線で結ぶ船でも2時間、湾を回り込む形で陸路を走る鉄道は48㎞の距離に12時間を要していた。

世界初の航空会社となったのは、セントピーターズバーグ・タンパ・エアボート・ラインだ。社名のとおり飛行艇を使用し、両都市間を20〜25分で飛んだのである。使用された機体は、75馬力のエンジンでプロペラを回す複葉の翼のベノイスト14型飛行艇だった。乗客は大仰な飛行服に身を包み、ダイバーのようなゴーグルをかけ、風防もない操縦席横にパイロットと並んで座る。ヨットハーバーから水しぶきを上げて離水すると、高度約24ｍでタンパ湾の上空を飛び、タンパ市のヒルズボロ川河口に着水する。最高速度は時速１０３㎞、航続距離は２８０㎞に過ぎなかったが、直線で飛べるのが強みだった。

このような民間航空は１９１４年から始まった第一次世界大戦によって営業を妨げられたが、「兵器」として重用された航空機は格段の進歩を遂げ、その可能性は急速に高まった。航空機の魅力に取りつかれた〝航空機野郎〟たちは、航空会社設立の夢を実現するために国の支援を求め、国は新たな兵器や輸送手段として、彼らに機体の開発と航空輸送のための多額の資金を提供した。中でも、欧州の列強国は欧州内の輸送だけでなく、海外の植民地との輸送手段に活用することを考えたのである。

フランスでは、大戦後の数年間に、政府の財政援助を受けた航空会社が何社も立ち上がった。たとえば、航空機メーカーのファルマン社が作ったファルマン航空が、爆撃機を改造し、豪華な内装を施したファルマン・ゴリアート双発機（乗客12名・時速１４５㎞）を使ってパリからロンドンとブリュッセルに飛び、初の定期国際線となった。また、最も有名だったのは、『星の王子さま』を書いたアントワーヌ・ド・サン＝テグジュペリがパイロットとして所属していたラテコエール社で、「ザ・ライン」と呼ばれ、アフリカ航路を築いた。ちなみに、同社はその後、南アフリカに鉄道網や銀行を保有していたフランス人の富豪ブイユー・ラフォンに買収された。

イギリスでは、毎日運航で世界初の国際線となったロンドン～パリ間の旅客輸送が、１９１９年にエアクラフト・トランスポート・アンド・トラベル社によって行われた。使用機はデ・ハビランドＡ４爆撃機を改造したＤＨ16で、乗客1名、少々の貨物と郵便物を載せてドーバー海峡を飛び越え、２時間30分で飛行した。その他いくつもの航空会社が誕生したが、政府が補助金を支出したのは海外の英連邦諸国との輸送を期待したインペリアル航空だけだ。

また、ベルギーでは、８０００㎞離れた植民地のコンゴ（現・コンゴ民主共和国）で産出されるダイヤモンドなどを略奪されず安全に輸送するために、ＳＡＢＥＮＡ《サベナ》航空が設立された。ちなみに、ＳＡＢＥＮＡは航空開拓ベルギー㈱の略である。

第一次世界大戦後のドイツでは、航空が本気で鉄道に戦いを挑んだ。戦争による被害で鉄道網が混乱した状況にあり、航空機野郎たちが国内輸送の再建に立ち上がったのである。

ドイツには大戦前から航空機メーカーに優秀な設計者が多く存在しており、敗戦によって軍用機の開発・製造が禁じられてからは、彼らは旅客機の製造で憂さを晴らしていた。また、航空会社は、エンジンメーカーであるユンカース社を起源とするユンカース・ルフトフェルケール社、海運会社の所有するドイッチェ・アエロ・ロイド社と、小規模キャリアが多数存在していた。

欧州の他の列強国は海外路線の開拓に余念がなかったが、ドイツでは国内及び周辺国への輸送が重視され、１９２３年までに大手２社が国内の航空市場を二分していた。両社の所有機は合計で19機種１６５機。最も人気があった機種はユンカースＦ15で、乗客４名を乗せて、時速２３７㎞で飛行できた。

ドイツ政府は大手２社に補助金を出していたが、激しい競争の結果、両社とも経営が悪化したことから、１９２６年に両社を合併して国有化した。それがルフトハンザ航空の始まりだ。合併と国有化によって経営基盤が盤石になったルフトハンザは、欧州一円に航空路を広げていく。１９２６年には、北はストックホルム、コペンハーゲン、東はウィーン、ブダペスト、南はチューリヒ、西はアムステルダム、パリといった国際ネットワークを確立し、１９２７年にはアルプスを越えてミラノ、１９２８年にはピレネー山脈を越えてマドリード、１９３０年にはアジアとの玄関口のトルコ・イスタンブールにまで精力的に翼を広げ、主要都市間の路線網を築いた鉄道とがっぷり組んだ競合関係になった。

「技術大国」を誇るドイツは長距離空路の開拓にも積極的で、１９２４年にはロシアを経由して北京まで、１９２９年には飛行船グラーフ・ツェッペリン号を使って日本経由の世界一周調査飛行（乗客を乗せず、単発で行うテスト飛行）を行っている。さらに、夜間飛行を可能にする飛行技術を確立させたこともあり、１９２７年には「空飛ぶ寝台車」、１９２８年には「空飛ぶ食堂車」の広告が登場している。

郵便輸送で開拓した夜間飛行

第一次世界大戦後のアメリカでは鉄道施設が無傷で残ったこともあり、航空はなかなか育たなかった。政府は航空会社への支援に消極的で、飛行に必要な空港や航空援助施設はすべて航空会社の自前で整備することになっていたため、空港施設のいらない飛行艇で創業した会社も少なくない。

さて、時速100㎞にも満たなかった当時の航空機が先行する自動車や鉄道に勝つためには、視界が十分でない天候下や夜間でも飛行する必要があった。しかし当時は、空から見つけやすい幹線道路や線路、森、湖などを目印に飛んでいたので、初めてのルートを飛行する時や視界が悪い時には、高度を下げるなど危険を冒さねばならない。灯火の多い都市部はまだしも、山間部は高度差があり気流が不安定で強風で機体が流されることもあり、墜落事故があとを絶たなかった。そのため、旅客を乗せての飛行は晴天の昼間に限られていた。行程が夜間に及ぶ場合には旅客をホテルに泊め、翌朝、飛行を再開したのである。

そんな航空の活用の場となったのが郵便輸送で、1916年頃から民間会社による定期、不定期の郵便飛行会社がちらほらと登場する。これなら、乗客の生命を危険にさらすことなく広大な国土で高速輸送の利点を活かせる。

アメリカ郵政省は、1918年のニューヨーク～フィラデルフィア～ワシントン間を皮切りに郵便輸送に本格的に乗り出し、1920年にはニューヨーク～シカゴ～オマハ～ソルトレークシティ～サンフランシスコ間の大陸横断路線を開設した。東海岸からネブラスカ州ノースプラット、

1920年代のアメリカの郵便飛行機　＜United Air Lines Photo提供＞

ワイオミング州シャイアン、ローリンズ、ロックスプリングスを経由して、最大の難所であるロッキー山脈を飛び越え、ユタ州ソルトレークシティ、ネバダ州エルコ、リノを経由して、カリフォルニア州のサクラメントに到達した。フライトには複数のパイロットと航空機が動員され、郵便物は何カ所かで積み替えられた。

郵便物とはいえ、航空による大陸横断路線の開設は鉄道業界に打撃を与え、ワシントンでは鉄道会社によるロビー活動が活発化。対する航空陣営は1921年3月に就任することになっていた新たな大統領（第29代ウォレン・ハーディング）の支持を得ようと、ニューヨーク～サンフランシスコ間で次のような派手なデモフライトを行った。

1921年2月23日、ニューヨークとサンフランシスコからDH4M郵便専用機がそれぞれ2機ずつ出発し、パイロットを交代しながら夜間を含めて飛行した。4機中3機が事故やトラブルにより早い段階で飛行を断念したが、ニューヨーク行きの1機は成功。しかも、この1機は途中の中継地点で交代する予定だった地元のパイロットが間に合わず、そのため引き続き操縦することになったパイロットは未経験のルートを夜間に飛ぶという荒技に挑戦することになった。そんなハプニングがあったにもかかわらず総飛行時間は33時間20分で、夜間は鉄道を併用する横断飛行に比べて半分以下という驚異的な記録を打ち立てた。

しかし、一向に民間の定期航空が育たないことに業を煮やしたアメリカ政府は1922年、陸軍に主要航空路の整備を命じた。陸軍はDH4Bを使って、6月にワシントンDCにある航空機メーカーのボーイングが所有する飛行場からオハイオ州デイトンまでの航空路を整備し、週4便の定期便を運航したが、同年末までにはカンザスシティを経由し、テキサス州サンアントニオまで開通させた。1926年にはエルパソ、ツーソンを経由し、カリフォルニア州のサンディエゴ、ロサンゼルスに達している。

また、郵政省は安全性確保のために緊急時の飛行場などを整備。飛行場にはビーコン（無線標識）、障害物灯、着陸帯照明が、航空路には10マイル間隔で航空灯台が設置された。1923年8月に試験飛行を行い、最短時間は東（ワシントンDC）行きが26時間14分、西（サンアントニオ）

行きが29時間38分だった。その結果を受けて、１９２４年7月にワシントンＤＣ～サンアントニオ間で定期運航が始まった。

航空灯台は回転灯と航路灯の２種類の灯火の組み合わせで構成され、次の灯台の方角を示す長さ20ｍのコンクリート製矢形の上に設置された。その整備距離は数千㎞にも達したが、雨や霧などの悪天候時には役に立たないことや、保守管理に大変な労力がかかるため、代わりとして無線の利用が考え出された。１９２４年にアメリカのジェームズ・ドゥーリトル陸軍大尉が、世界で初めて無線の計器を使用した飛行に成功したことでその有用性が認められ、無線を活用した標識の開発が進められた。

航空会社に鉄道会社が参画!?

１９２５年2月に郵便輸送を民間に譲渡するケリー法案が議会で可決し、アメリカ政府による航空輸送への取り組みが活発化した。後に「ビッグ４」と呼ばれ、アメリカの航空業界に君臨するユナイテッド、アメリカン、イースタン、トランス・ワールド航空（ＴＷＡ）の４社がこの時期に経営を軌道に乗せられたのは、安定需要として国の事業である郵便輸送を受託できたからだ。なお、これら「ビッグ４」はすべて航空機メーカーの主導により作られた会社だ。たとえばユナイテッド航空の前身となったユナイテッド・エアクラフト&トランスポート社は、1929年に航空機メーカーのボーイング社とエンジンメーカーのプラット&ホイットニー社が共同で立ち上げた会社であり、イースタン航空の前身は、航空機メーカーのピトケアンがアトランタ〜マイアミ間の航空事業を行うため1928年に設立したピトケアン航空だった（1929年に航空機メーカーのカーチス・ライト社に買収されてノースアメリカン・アビエーション社と改称）。

しかし、実は鉄道会社が参画している会社もある。アメリカン航空の前身であるアビエーション社は、1929年に航空機メーカーのフェアチャイルド社が鉄道王のW・A・ハリマンと共同で設立。またTWAは、その前身であるウエスタン・エアー・エキスプレスと、カーチス社とペンシルベニア鉄道などが1928年に共同で設立したトランスコンチネンタル・エア・トランスポート社（TAT）が合併し、トランスコンチネンタル・アンド・ウエスタン・エアー（TWA）と社名変更したものだ。

鉄道会社が航空会社の経営に加わったのは経営多角化のためではなく、輸送ルートの一部に航空を取り込むことで鉄道自体の競争力を高めるためだった。たとえばTATは、1929年から「鉄道との接続」による大陸横断輸送の「エアウェイ特急」を運行した。ニューヨークから夕刻に出発する「エアウェイ特急」に乗った乗客は、翌朝にフォード 5-AT トライモーター（定員13

1930年頃のフォード トライモーター4-AT型
<United Air Lines Photo提供>

名）に乗り換えて空を飛び、夕方にオクラホマ州ワイノナに着陸。今度はサンタフェ鉄道の寝台車に乗り込んで西に向かい、翌朝ニューメキシコ州のクロービスで迎えに来ている別のトライモーター機に乗ってロサンゼルスに向かったのである。当時の大陸横断列車は日夜を通して走っても丸3日を要したが、日中の飛行を組み合わせることによって、所要時間を半日以上短縮できた。

航空業界も鉄道を研究し、1930年代からは富裕層の人気を集めていたプルマンカー（豪華寝台列車）の乗客に狙いを定めた旅客機が現れ始めた。ウエスタン・エアー・エキスプレスではキャビンを4つの個室に分け、ラウンジ仕様の部屋には折り畳み式のテーブルとリクライニング機能が装備されたワニ革張りのシートを用意した。スチュワーデスの呼び出しボタンや読書灯も設置されていた。

快適な機体で人気が出た航空

当時の航空の弱点のひとつが、「乗り心地」だった。1900年代初期の機体は木材を使用した桁と骨組みに、硫酸セルロースで布目つぶしをした羽布張りの翼といった組み合わせが一般的だったので、気密性が十分でないために寒さや振動で快適さにはほど遠く、重量を減らすために内装も貧弱だった。

1930年には1%にも満たなかったアメリカの大陸横断輸送における航空シェアが広がったのは、快適性が向上した金属製の機体が開発されてからだ。中でもアルミニウム95%に4%の銅と0・5%のマグネシウム、0・5%のマンガンを加えた「ジュラルミン」(ラテン語の「硬い(ジュラス)」とアルミニウムを重ねた合成語)が航空機に革新をもたらし、近代的な旅客機が1930年代に次々と登場。空気の遮断性が高まって居住性が良くなったことに加え、しっかりした枠組みを形成できるので大型機を作れるようになった。機体の空気抵抗が少なくなったことから飛行速度も向上した。

注目を集めたのが1933年2月に初飛行したボーイング247だ。金属製の胴体に低翼機

近代旅客機の構造を備えていたボーイング247
＜United Air Lines Photo提供＞

（それまでは複葉機が多かった）のスマートな流線型で、引き込み式の車輪、可変ピッチプロペラ（離着陸時と巡航時で羽根の角度を変える）など、近代旅客機の要素を備えていた。定員は10名と少ないものの、時速は２６６㎞（改良型のＢ２４７Ｄは３００㎞を上回った）で、ＴＷＡのフォード５・ＡＴトライモーターが26時間45分で飛行していたニューヨーク～サンフランシスコ間を途中７回の着陸・給油で19時間45分に縮めた。

各社はこぞってＢ２４７の導入に動いたが、60機を発注したユナイテッド航空が優先納入の契約を交わしていたため、他社はボーイング以外の航空機メーカーに、より大型機種の開発を要望した。これに積極的に応じたのがダグラス・エアクラフト社で、Ｂ２４７に遅れること約５カ月後、フラップ（主翼

1934年にトランス・ワールド航空が大陸横断便に投入したDC－2
＜DELTA AIR LINES提供＞

の前縁または後縁につけ、揚力を高める部品）を備え、近代旅客機の要素を満たしたＤＣ‐１（定員12名）を初飛行させた。

ＴＷＡは巻き返しを図るため、定員を14名に増やした改良型のＤＣ‐２（時速３０４㎞）を発注し、１９３４年８月にニューヨーク～ロサンゼルス間の大陸横断便に投入。途中の着陸回数を３回に減らしたことで、それまで「快速」の名を欲しいままにしてきたユナイテッドのＢ２４７よりも１時間45分も短縮して再び優位に立った。

一方、当時全米最大の航空会社だったアメリカン航空は、大陸横断便にＢ２４７と同時期に完成したカーチス・コンダー機（時速２７０㎞／胴体は鋼管溶接羽布張り）を使用し、「空のプルマンカー」と呼ばれていた寝台サービス（ベッド12床収容）を看

大ベストセラー機になったDC－3
<DELTA AIR LINES提供>

板にしていたが、Ｂ２４７の登場により競争力が低下することを恐れて、ダグラスにＤＣ‐２を寝台機仕様に改造するよう申し入れた。ベッドを設置するには胴体の大幅改造とエンジンの出力アップが必要なことから、ダグラスは断ったのだが、アメリカンのスミス会長は熱心に説得を続け、根負けしたダグラスはＤＳＴ（ダグラス・スリーパーズ・トランスポート）を開発する。ＤＳＴはベッドを最大16床収容できたが、最前部右側の２段だけを定員２名の個室「スカイルーム」にした。

これが話題となって「憧れの航空機」になり、特にハネムーナーに受けて大反響を呼んだ。アメリカンは「マーキュリー・サービス」と銘打ち、東行きを16時間、西行きを17時間45分で運航した。さらに、アメリカンはＤＳＴで広がった胴体を活用して、客席仕様に改造し定員を21席に増やした機種（DC‐3）を開発させたが、DC‐3は多くの航空会社から経済性が評価され、その後生産数が1万機を超える大ベストセラー機になった。

なお、世界で初めて客室を与圧したのは、1938年に就航したボーイング307「ストラトライナー」（33席・巡航速度357㎞）だった。実際の常用飛行はストラト（成層圏）からは大幅に低い高度4000m付近だったが、胴体は当時珍しかった円形構造が採用され、客室には暖房も設置されて快適性が増し、与圧により、耳鳴りや気分を損なう乗客は大幅に減った。

高速鉄道で甦った欧州

時間を1960年初頭のヨーロッパへ移すと、沈痛な面持ちの鉄道関係者の姿があった。ジェット化によって所要時間を短縮し乗客を奪い取っていく航空と、自家用車の普及や高速道路の整備による個人的輸送手段の発展の前に、鉄道は有効な対抗策を打ち出せずにいた。その頃にはすでにリニアのような磁気浮上式の高速鉄道の研究もなされていたが、費用や実用性の点などで具体化へのメドは立っていなかった。

ところが、1964年に極東で開業した高速鉄道「シンカンセン」のニュースが、鉄道関係者たちを目覚めさせた。もともと、伝統ある技術と知識の蓄積の上に立っているのがヨーロッパの

1981年にパリ～リヨン間で運転を開始したTGV

鉄道である。鉄道技術を高めれば不死鳥のように甦らせることができるとの期待が強まり、１９６７年頃から高速鉄道への取り組みは本格化した。

フランスでは１９６６年に高速鉄道のプロジェクトが発足。当初は電気式ガスタービン動力車が検討され、１９７２年にＴＧＶの試作車も完成したが、１９７３年の第一次オイルショックで実用性に疑問符がつくようになった。結局、開発は現実路線の動力集中方式に落ち着き、１９８１年に最高時速２６０㎞（線路の設計速度は３００㎞）のＴＧＶが、パリ～リヨン間（南東線）で営業運転を始めた。また、ドイツでは最高時速３５０㎞を目指すインターシティ・エキスプレス（ＩＣＥ）が１９８１年に基本設計を終え、１９８６年からのテスト走行を経て、１９９１年からハンブルク～ハノーファー～フランクフルト～シュトゥットガルト〜ミュンヘン間で最高時速250㎞の営業運転を開始した。

だが、欧州の鉄道の本当の試練は、1990年代の「航空自由化」だった。それまでの欧州の空には各国の主権が確立され老舗のフラッグ・キャリアが君臨していたので、一部の例外を除いて航空運賃は高止まりしていた。鉄道は航空に押されてはいたが、それなりに価格・サービスによる「棲み分け」があったのだ。しかし、ECC（欧州経済共同体）からEU（欧州連合）への流れの中で、加盟国社の運航・運賃を自由にする「航空自由化」が3段階で施行され、価格競争力のある航空会社が高需要路線に低運賃を引っ提げて次々と参入し、運賃水準は瞬く間に低下。しかも第三国の航空会社が他国内路線も運航することができるようになったため、鉄道は航空に多くの旅客を奪われてしまったのである。

この時期に欧州では、すでに高速鉄道の建設・運行が始まっていただけ、ラッキーだった。鉄道は航空に駆逐されないよう、列車を高速化して所要時間の短縮を実現するとともに、高速鉄道のネットワークの拡大を急いだ。

ちなみに、筆者は1970年代初頭にユーレイルパスを使用し、欧州大陸を3週間にわたって鉄道で旅したことがある。最も感銘を受けたのは、特急列車に行き先が異なる車両が多数連結されており、要所、要所で編成が組み換えられ、それぞれの目的地に向けて走り続ける体制ができ上がっていたことだった。乗客は車両に乗ったままで（時折フェリーボートを利用して）最終目的地に向かうことができた。日本では「定時性は日本が世界一」と伝えられていたが、長距離を走る国際列車が時刻表どおりに分割・併合を繰り返しながらも、定時で運行されるのには驚いた。

また、西側の国々であれば、途中の国境で走行中に出入国審査を受けることもできた（ドイツ～ベルギー～フランスを抜ける区間では、わずか半日の間に3カ国の国境を越えるため、出入国管理のチェックを4回受けることになり、煩わしかったことを覚えている）。しかも、パスポートは入国時に係員が検めに来たが、検疫と税関検査は担当者が通路を歩きながら、「何か申告することはありませんか」と叫んでいくだけなのだ。もちろん、列車は国境で停車することもない。

スペインから有名な「タルゴ」特急に乗ってゲージ（線路のレールの幅）が異なるフランスに入った際には、乗客が乗車したままで車輪の幅を広げたことに驚いた。スピードこそ時速10㎞程度の低速に落とし、５～６ｍの小屋の中を通過したが、終了後は何事もなかったように、再びそのまま高速運転を始めた。昨今、日本でも研究が進んでいるフリーゲージトレイン（ＦＧＴ＝軌間可変電車）だ。これらを経験したのは１９７１年のこと。「鉄道先進国の技術は健在」と、感心したものだ。

また、１９８０年代にはライン川沿いを走るルフトハンザ航空の特急列車「エアポート・エクスプレス」に乗ったことがある。「エアポート・エクスプレス」はドイツ国鉄（当時）が運行する車両をルフトハンザが借り上げ、車内で手厚いサービスを行うもので、両者の「良いところ」が融合した列車だった（第2章参照）。定時性はもとより、車内の居住性、インテリアの変化、サービスの高さに満足した。

当時の日本では「欧州鉄道の苦戦」が伝えられていたが、実際の特急列車の運行・サービスは素晴らしく、日本では体験できない鉄道の旅を楽しむことができた。

2　激しい死闘を繰り返した東海道 ―日本―

直接対決の場だった東京～大阪間

航空と鉄道が、日本で最も激しく凌ぎ合う檜舞台は、距離約500㎞の東京～大阪間だ。世界では、一般的に「距離400㎞を超えれば、乗客は航空に傾く」と言われるが、日本では、進化を続ける新幹線ががっちりと立ち塞がり、常識を覆した。一方、「移動時間が3時間以内であれば鉄道は航空を一掃できる」との常識に、日本の国内航空は踏ん張り、しぶとくシェアを保っている。東海道における両者の対決は、ライバル同士が切磋琢磨して、互いを進化させている好例と言えるだろう。

1950年10月のダイヤ改正で復活した特急「つばめ」
<日本国有鉄道百年写真史より>

さて、日本最初の鉄道は1872年に新橋～横浜間に開通した。煙を吐き、最高時速50㎞ものスピードで線路を疾走する蒸気機関車は「陸《おか》蒸気」と呼ばれ、徒歩や馬で移動していた人々に、文明開化の威力を見せつける「怪物」だった。当時の運賃は、上等1円12銭5厘、中等75銭、下等37銭5厘。中等の75銭でも今日の時価に換算すると約9000円であり、日本橋～横浜間の人力車の運賃62銭5厘より高額だったにもかかわらず、乗客は1日3000人にものぼった。

1889年の東海道本線新橋～神戸間全通時の新橋～大阪間の所要時間は約20時間。1921年には新たなトンネルの完成によるルート変更などで、特急列車が東京～大阪間を11時間30分ほどで走るようになる。そして1930年に平均時速60

1958年11月に登場した電車特急「こだま」

㎞を超える特急「燕」が誕生。東京〜大阪間を8時間20分で走れるようになり、従来の所要時間を約3時間も縮めた。さらに1934年に丹那トンネルが完成し、東海道本線は御殿場経由から熱海経由になったことで、特急列車の東京〜大阪間の所要時間は8時間に短縮された。

戦後、1950年10月のダイヤ改正で看板特急「つばめ」が東京〜大阪間を再び8時間で結ぶようになった。1956年には東海道本線が全線電化されたことで、「つばめ」「はと」の所要時間はさらに30分短縮され、7時間30分となった。そして1958年に東京〜大阪間を6時間50分で走る電車特急「こだま」が登場、1960年には6時間30分まで追い込んだ。

1951年10月、JAL初の国内線に就航したマーチン202。
東京～大阪間を1時間30分で結んだ　＜日本航空提供＞

ジェット化で優位に立った航空

日本に航空会社が誕生したのは１９２２年。堺大浜（大阪府堺市大浜海岸）を拠点に、和歌山県の白浜や高松を結んだ。当時は陸上の飛行場がまだ整備されていなかったため、水上飛行機が幅を利かせていた。翌１９２３年に朝日新聞社を母体とする東西定期航空会が中島式５型（巡航速度は時速１２８㎞）と白戸式25型（同２２２㎞）を使用して東京（洲崎）～浜松（三方ヶ原）～大阪（城東練兵場）間に郵便・貨物便を開設し、週１便の試験運航を始める。

東京～大阪間に旅客定期便が開設されたのが１９２９年。就航したのは、国策会社の日本航空輸送㈱で、東京～大阪間の所要時間は３時間、運賃は30円であった。大卒の初任給が50円という水準から考えると今日の物価では12万～13万円に相当するのだろ

ANAが1960年前後に「準」ジェット機として運航していたヴィッカース・バイカウント（上）とフォッカーF27（下）
＜全日本空輸提供＞

うが、ずいぶんと高いものであった。

戦後、日本の民間航空は１９５１年10月に就航した日本航空㈱（ＪＡＬ）のマーチン２０２（運航は米国社）で再スタートをした。当時の東京～大阪間の飛行時間は1時間30分、運賃は片道６０００円（20％の通行税を含む）。国鉄の運賃＋特急料金が3等で１０４０円、1等展望車で５０４０円だったから、航空運賃は非常に高かったのである。

１９５２年に新たに2社が産声を上げたが、１９５８年に合併してローカル線を中心に運行する全日本空輸㈱（ＡＮＡ）が誕生する。ＪＡＬは幹線を中心に大型プロペラ機で運航していたが、ＡＮＡは幹線への就航が認められたのを機に、１９６０年前後に「準」ジェット機（ジェットエンジンでプロペラを回すターボプロップ機）ヴィッカース・バイカウントやフォッカーF27フレンドシップを導入した。既存のプロペラ機よりもはるかに駿足な上、揺れも少なく乗り心地が良かった。

対抗するＪＡＬは、国際線を退役したダグラスＤＣ‐６Ｂ（95席、時速４８０㎞）やＤＣ‐７Ｃ（99席、時速５７０㎞）の導入で反撃。しかし、ＡＮＡに流れる乗客を食い止めることができず、ついに国際線用として購入した純ジェット機のコンベア８８０（１２４席、時速９６５㎞）を、１９６１年に「試験運航」の名目で国内線に導入した。ジェット化によって、札幌（千歳）～東

1961年にJALが国内線に投入したコンベア880
<日本航空提供>

京（羽田）間のブロックタイム（出発空港の駐機場から到着空港の駐機場までの時間）は3時間から1時間10分に、東京〜大阪（伊丹）間は1時間30分から50分に短縮され、乗り心地も向上した。

このような航空企業同士の激しい戦いは利用者の関心を高め、航空旅客を急速に増やしていくのだが、そんな中でも国鉄はほとんど航空に関心を払っていなかった。国鉄監査委員会の年次報告書だった統計資料「国内運輸機関輸送量」の欄には航空の項目はなく、１９６２年になってようやく加えられた。

「ちなみに航空運賃は通行税が１９６１年に10％から５％に引き下げられたため東京〜大阪間１９６２年度の航空の旅客輸送実績は国鉄の56億１０００万人に対して３００万人と、微々たる数字に見える。しかし、１９５０年代後半からの航空輸送の伸びは急激で、１９５７年度の３億人キロ（輸送人数に輸送距離を掛けた実績）から1年ごとに4億人キロ、5億人キロ、7億人キロ、12億人キロと飛躍的に伸び続け、１９６２年度はついに16億人キロに達し、これは国鉄（１４１２億人キロ）の１％強にあたる。ちなみに航空運賃は通行税が１９６１年に10％から５％に引き下げられたため東京～大阪間は３００円値下げされて６０００円になったが、国鉄の特急の運賃は１９６０年に３等制から２等制に改編され、２等が１１８０円から１９８０円へ、１等は２７４０円から３９３０円へと5割も引き上げられた。」（『激突！東海道戦─「のぞみ」対航空シャトル』杉浦一機：著）。

新幹線で巻き返した鉄道

１９５０年代後半から急速に伸びてきた航空に「ガツン」と大きな一撃を加えたのは、紛れもなく１９６４年10月に登場した新幹線だった。

当時の東海道新幹線の最高運転速度は時速２１０㎞。開業から約1年間は、工事完成直後ということで一部に徐行区間が設けられ、東京～新大阪間の所要時間は4時間だった。運賃は1等が５０３０円、２等が２４８０円と在来線に比べると格段に高かったが、７０００円の航空運賃

東海道新幹線の初代0系車両

（1000円のジェット料金を含む）に比べれば大幅に安かった。1965年11月には、路盤が安定したということでダイヤ改正が実施され、東京～新大阪間は3時間10分になった。

新幹線の開業前である1963年度のシェアは航空が25％だったが、1966年には15％にまで落ちた。しかも、航空における東京～大阪間は国内輸送全体の36％（JALに限れば55％）を占める重要な路線だった。1964年10月のデータを見ると、不況の影響もあり、JALは前年に比べて乗客数が3割（1・8万人）減って4万人台に落ち込み、搭乗率は90％から50％台に急降下。これに伴い21便運航していた便数を1965年秋から5便減らした。ANAは1日当たり300～400人減り、搭乗率は90％から60％台に落ちたため、11月から便数を2便減らして16便にした。

「1964年度下半期で2割、65年度下半期でさらに2割が減少した。東京―大阪間の航空旅客はそれまで毎年30％の伸び率を示していたから、実質的には1年半で40％以上の利用者が逃げたことになる。」（『鉄道と国内航空の角逐をたどる』種村直樹：著）。

東海道新幹線で大幅に乗客を減らした航空の被害の影響は、国内航空全体に及ぶことになる。1963年度は前年対比137％の成長を遂げていたが、1964年度は122％、1965年度は107％と成長が鈍り、さらに、1966年度の航空は連続事故に見舞われ大きく落ち込んだ。東京～名古屋線（ピーク時1日8便）、名古屋～大阪線（同3便）は路線を存続できなかった。東京～名古屋間の航空のシェアは、1963年度に4％（年間21万8000人＝1日当たり597人）あったが、1967年度にはわずか1万1000人（1日当たり30人）まで落ち込んだからだ。ところが、1967年度からの5年間は、高度経済成長の余波で前代未聞の好況が到来し、年率30～40％という高成長が続いた。

新幹線建設が圧迫した国鉄財政

一方の鉄道は、新幹線や特急の乗客は増えたものの、航空の拡大に加え、自動車の普及も進んだことなどから定期通勤客を中心に近距離客が減り、1967年度には70億人にも達していた輸送人員は１９６８年度には２・５％のマイナスを記録するなど、減少傾向に転じた。

そんな中、１９７０年3月15日から9月13日まで開催された「大阪万博」で新幹線が大量輸送の威力を発揮した。「大阪万博」はアジアで初めて開かれた国際博覧会で、期間中に約６４２１万人（1日当たり35万人）を大阪に集客するという、空前絶後の国民大移動を誘発。その輸送の主力を務めたのが新幹線だった。１時間に３本運転する「ひかり」を12両から16両編成に伸ばし、「こだま」を1時間に3本から6本に増発、さらに期間中３１８０本の臨時列車を運転して延べ１０００万人の乗客を運んだが、これは期間中の国鉄の輸送実績約２２００万人の45％にも相当する輸送量だった。

万博後、新幹線は１９７２年に岡山、１９７５年に博多まで開業し、東京～博多間の最速列車は6時間56分で走った。

万博をきっかけとした観光ブームが全国的に起き、新幹線と接続する特急ネットワークを全国に張り巡らせたことで、輸送実績は順調に伸びた。このように、日本の大半の地域が東海道・山陽新幹線の恩恵を受け、１９７５年度の国鉄の輸送実績は、開業翌年である１９６５年度の１・2倍の2億１５００万人キロに達し、「鉄道立国日本」の再来となった。まさに、新幹線は国鉄のカンフル剤になったのである。

東海道新幹線の2代目100系車両。2階建て車両やグリーン個室を備えていた

新幹線の路線拡張は輸送量の拡大につながったが、実は経営を大きく圧迫していた。そのため、「国鉄の財政立て直し」の御旗が掲げられ、運賃の値上げと職員のストライキが繰り返された。1974年には平均23・2%の運賃値上げ、1975年には財政再建の緊急措置として平均32・2%の特急・グリーン等料金の値上げ、1976年には50%の運賃大幅値上げが行われた。その結果、東京〜新大阪間の新幹線運賃は8300円と勤労者の日給をはるかに超えたばかりか、航空運賃の1万4000円に急速に近づき、前年比で東京〜新大阪間の乗客が7%、新大阪〜博多間が15%の減少となるなど、乗客の国鉄離れが明確になった。

国鉄離れした乗客が航空に流れたことは、数字を見ても明らかだ。航空の利用は1977年度に3300万人を記録し、輸送距離を掛けた輸送量では236億人キロと国鉄の12%にまで拡大。

一方、国鉄の対航空シェアは、1965年度との対比で、東京〜新大阪間が90％から85％、東京〜博多間が85％から38％、新幹線のない東京〜鹿児島間でも92％から19％、東京〜札幌間が49％から7％へと急落した。

その後も国鉄の財政は悪化を続け、1978年に特急・急行等料金を平均12％、1979年に運賃を平均8・9％、1980年に同4・5％、1981年に同9・5％、1982年に運賃を平均6・7％と特急料金を3・6％、1984年に運賃を平均8・2％、1985年に同4・3％、1986年に同4・8％と、毎年のように値上げを繰り返した。値上げが利用者の減少を招いて財政を悪化させるために、次の値上げを招くという悪循環に陥ってしまったのである。そして、ついに国鉄の財政は破綻状態となり、1987年4月に分割民営化され、地域別の6つのJR旅客会社とJR貨物会社などが発足した。

「航空機に勝つ新幹線」の開発

運営が国鉄からJR東海に移ってからも、東海道新幹線はバブル景気の影響を受けて、慢性的な輸送力不足に陥っていた。1988年度に入っても毎月の輸送実績は前年同月比で2桁の伸びを示し、「ひかり」の乗車率は平均で80％を超えるという状況が続いていたため、1988年のダ

東京～新大阪間の所要時間を30分近く短縮した300系車両

イヤ改正では「ひかり」をさらに増発し、１時間当たり「ひかり」７本、「こだま」４本を運転するなど、ＪＲ東海は懸命に輸送力の増強を図っていた。

このような状況の打開策を検討するために同社の幹部２人がフランスへ視察に渡り、高速鉄道ＴＧＶに大きな刺激を受けて帰国した。新幹線の登場を契機として開発されたＴＧＶは当時、新幹線を上回る時速２６０㎞運転を実現し、大西洋線では１９８９年を目標に最高時速３００㎞の営業運転の準備を行っていたからだ。

２人のレポートをきっかけに、ＪＲ東海では１９８８年１月に「新幹線速度向上プロジェクト委員会」が３００系車両の開発に着手した。開発目標は、「航空機に勝つ新幹線」。航空機に対抗できる所要時間の達成と、航空機よりも安い運賃の実現が課題だった。

３００系には、交流誘導電動機（ＶＶＶＦ方式）、軽量ボルスタレス台車など従来の新幹線にない新技術も導入された。東京〜新大阪間の線路の5分の2はカーブ（全線の8分の1が開業当時に設計された半径2500m）であることからカーブ走行時のスピードアップも課題になり、カーブ区間の線路の左右高低差（カント）を修正することで対応。ボディの平滑化により空気抵抗を減らし、あらゆる部品を軽量化することで100系に比べて重量で約25％の軽量化（1両当たり約45トン）を実現。また、編成当たりのモーターの出力が大幅にアップして起動加速度が1・6㎞／h／Sとなり、スタートから7㎞地点で時速230㎞、15㎞地点で時速270㎞を出せるようになった。

300系を採用した新たな列車は「のぞみ」と名付けられ、1992年に朝夕2往復で部分デビュー、東京〜新大阪間を2時間30分で走破した。1993年には本格導入され、運転区間を博多まで伸ばし、毎時運転を始めたが、「のぞみが走って日本が縮む」のキャッチフレーズで、東京〜博多間を5時間4分で結んだ。

航空の対抗策は「シャトル便」

「のぞみ」の登場に航空側の受けたショックは並大抵のものではなかった。住宅密集地を通り抜ける東海道新幹線は限界がささやかれ、「抜本的な改造はリニアを使用した中央新幹線までできない」と見ていたのに、東京～新大阪間だけで所要時間を30分近くも短縮したからだ。１９９３年4～6月の東京～広島間の新幹線の利用者は前年同期比で24％増え、航空の搭乗率は80％台から50％台に急降下。シェアは逆転して鉄道59％対航空41％となった。

航空をさらに不利な状況に追いやったのは、１９７９年に起きた第二次オイルショックをきっかけにして１９８０年に23・8％、１９８２年に13・5％もの運賃値上げに追い込まれた上に、１９８２年にはパイロットによる意図的な墜落、１９８５年にはジャンボ機の墜落という衝撃的な事故が続き、利用者の航空離れが起きたことだ。さらに、１９９３年9月の羽田空港ターミナルビルの沖合移転により東京モノレールの新ターミナルビルまでの所要時間が8分も延びたこと、10月に広島空港が市内から1時間（従来は15分）もかかる遠隔地に移転したことも影響した。だが、広島は航空と新幹線の「分水嶺」と言われ、両者の激しいシェア争いが繰り広げられているだけに、航空としても簡単に兜を脱ぐわけにはいかない。

また、「速さ」においても陰りが見えてきた。航空機は、プロペラ機からジェット機に変わって以降、操縦性能をはじめ、燃料消費量の削減による経済性、機内の快適性、騒音を含む環境への適合性などの面で飛躍的な進化を遂げてきた。特に、離着陸時の騒音は第1世代のジェット機より約20デシベルも下がり、地上での体感騒音は4分の1になった。しかし一方で、今日就航して

1960年代半ばから1980年代にかけて日本の空で活躍したボーイング727

いるジェット機の最高速度はマッハ０・80～０・85程度と、国内初のジェット機であるコンベア８８０の最高速度マッハ０・84からほぼ変わらない。しかも飛行時間が以前より延びている。

プロペラ機が全盛だった１９５０年代の羽田～大阪間のブロックタイムは90分だった。それが１９６０年代にジェット化されたことで最短45分（飛行時間の記録は26分）にまで縮められたのだが、羽田の就航便数が増えたため、１９８０年代には60分に延びてしまった。その後も首都圏一円を飛行する航空機が激増する中、アメリカ軍横田基地の空域や東京上空の低空飛行禁止といった制約のために羽田への進入経路が混雑し、現在は70分にまで延びている。新幹線がスピードアップを実現しているのに対し、東京～大阪間の航空は、ピーク時に比べて５割も遅くなっているのだ。

しかし、航空にとって東京～大阪線は簡単に譲ることのできない多客路線だ。1992年度には年間347・5万人（国内全旅客数の約5％）を運んでいたが、「のぞみ」が本格運行を開始した1993年度には、317・9万人（8・5％減）に落ち込んだのである。

このような逆境に対して航空は危機感を持ち、2000年からJAL、ANAと日本エアシステム（JAS）の大手3社で東京～大阪（伊丹・関空）間の共同シャトル便を運航することになった。合計33便の運航ダイヤを平準化するだけでなく、片道運賃は「のぞみ」の1万4720円を若干下回る1万4500円に設定し、両線で3社のどの便でも利用できるようにした。結果は成功で、年間の利用者は3社で100万人増加した。

ただ、航空業界を取り巻く環境は自由競争が繰り広げられる自由化時代に突入し、3社が足並みを揃えて運航する時代は終わりつつあった。まず、認可制だった運賃には1995年から「幅運賃」が導入された。幅運賃とは、運輸省（当時）が算出した標準原価から25％以内の範囲であれば、航空会社が自由に運賃を設定できる制度で、50％の割引運賃を組み合わせれば、標準原価の62・5％までの割引きができることになった。航空会社は、この制度を需要の変化に応じた季節性運賃に応用した。さらに1999年度には、運賃が自由化されるとともに、路線の新増設、増減便、空港の発着枠の配分などを行政がコントロールする需給調整規制が廃止された。航空会社は、運賃も、機材も、便数も、すべて自由に設定できる「航空自由化」時代に突入し、横並びから抜け出したキャリアが航空業界でのシェアを高める構図になっていたのである。

当然のことながら、運航の曜日、時間帯、早期の事前購入などによって多様な運賃が設定され、航空各社間の競争は激化したが、同時に鉄道に対する競争力が増し、1999年に16％だった東京~大阪間のシェアを2005年には20％にまで回復した。

新幹線「第2の創業」

JR東海は1990年代から、「第2の創業」と唱えてきた新幹線事業の刷新計画を進めてきた。新幹線品川駅の開業、「のぞみ」の多頻度運行、多頻度運行に対応する販売・サービス体制の構築の3つである。

新幹線品川駅の新設は、限界に達していた輸送力を増強するためで、1000億円の工費を掛けて2003年に開業した。品川以西で1時間当たり3本の増発が可能になるほか、将来はリニア中央新幹線開業後の新たな結節点としての機能も期待できる。

300系の次世代車両として、1999年から「のぞみ」に導入されたのが、「カモノハシ」と称された先頭部を持つ700系だ。JR東海とJR西日本が共同開発した車両で、最高速度は時

東海道新幹線の最新鋭車両N700A

速２８５㎞（東海道区間は２７０㎞）。居住性、環境適合性、そしてコストパフォーマンスにも優れている。車体はアルミ合金製で、屋根裏や側面部分に防音材を施すことで遮音性が高まった。乗客にとっても沿線住民にとっても望ましい、より高速でより静かな車両に仕上がったのである。品川駅開業を機に行われたダイヤ改正では、１００系が引退したことですべての車両が７００系と３００系に統一され、「のぞみ」の多頻度運行が実現した。

２００７年からは７００系をさらに進化させたＮ７００系の投入が始まった。高速性能がカーブでも維持できるシステムを備え、東京〜新大阪間の所要時間が最大５分短縮した。さらに２０１３年２月にはＮ７００系の改良型Ｎ７００Ａがデビュー。２０１５年春のダイヤ改正で最高速度が時速２８５㎞に引き上げられ、東京〜新大阪間の所要時間はさらに３分短縮されて最速２時間22分の運転が可能になった。

最後に挙げた販売・サービス体制の構築とは、ＩＴを駆使して乗客の利便性を一気に高めようという施策だ。新幹線のチケット販売方法は、開業当時から基本的に変わっていなかったが、運転間隔が大幅に短縮される一方で販売方法が従来のままでは、窓口に並んでいるうちに乗りたい列車が出発してしまうことにもなりかねない。その改善策のひとつが、２００１年から始めた会員制の「エクスプレス予約」だ。会員になれば、インターネットで指定席を予約し、クレジットカードで決済・発券できる上に、運賃割引、ポイントが付き、列車の変更が無料で何度でもできる。

3　変わる競争の構造

鍛えられる航空の新幹線対抗策

かつての航空は、競合区間に新幹線が開通すると早々に撤退するのが常識だった。１９６４年の東海道新幹線東京～新大阪間の開業で羽田～名古屋線と名古屋～伊丹線が、１９８２年の東北新幹線大宮～盛岡間の開業で羽田～仙台／盛岡／三沢の各線が、同年の上越新幹線大宮～新潟間の開業で羽田～新潟線がそれぞれ撤退した。航空は、抵抗する術を持っていなかったのである。

だが、前述した羽田～伊丹線をはじめ、１９７５年の山陽新幹線の全線開業後も伊丹～福岡線が、1992年の山形新幹線開業後も羽田～山形線が、1997年の秋田新幹線開業後も羽田～秋田線が、2011年の九州新幹線全線開業後も伊丹／関空～熊本／鹿児島線が生き残っている。以前は航空も全国でのネットワーク拡充を進めており、一部の市場から撤退しても別の市場で取り戻せたのだが、市場を開拓し尽くした今では、簡単に既存市場を諦めるわけにはいかない。

航空が苦戦している典型例は羽田～山形線（飛行距離306km）だ。以前はANAのドル箱路線であり、最盛期には178席の中型ジェット機B727が毎日5便も飛んでいた。だが1992年に山形新幹線が開業して以降、旅客が激減。ANAは同年11月から1便減便したものの供給過剰状態は解消できず、地元に路線撤退の意向を伝えた。危機感を抱いた地元は1993年6月に「山形空港利用拡大推進協議会」を結成し、利用者に補助金を出して利用を呼びかけたが、航空機離れに歯止めをかけられなかった。特に降雪期には道路が渋滞して空港までのアクセスバスが通常の倍の時間を要することもハンディになり、利用者からは町中の山形駅に発着する新幹線が喜ばれた。

減便すると、不便さからさらなる航空機離れが進む。これに追い打ちをかけるように、山形新幹線が1999年に新庄まで延伸するとともに増発され、両者の利便性の差は決定的になった。それでも「多様な交通手段の確保」を求める地元に対し、ANAは1日1便の形ばかりの運航を続けていたが、結局2002年10月末で撤退。2003年4月から、山形県と地元からの大規模支援を条件にJASが引き継ぐ形になった。その後、JASを吸収したJALが76席のリージョナル機で、空港やターミナル使用料に助成金を受けながら運航していた。ところが、国の「地方振興」の方針を掲げた国交省からの支援を得て、2014年3月からは朝夕の2便に増便。さらに、中止していた空港アクセスバスを復活させたところ、2014年度の提供座席数は10万9896席（前年比200・6％）、旅客数は7万4687人（前年比261・8％）にまで回復した。

ちなみに、同様に競合路線である東京〜秋田間は秋田新幹線だと約4時間かかり、1時間で行ける航空に多少分がある。そこで、就航しているJALとANAは便数の半分を150席クラスの小型機に、半分を270席クラスの中型機にして、9便を維持している。また、大阪〜福岡間はビジネス需要も多い市場であり、航空の1時間10〜15分に対して山陽新幹線は最速2時間22分という激戦区だ。そのため航空は、最小機種である70席クラスのリージョナル機まで動員して1日13便の運航を確保している。新幹線との競合区間では機種を小型化して運航頻度を確保するのが、航空の当面の対応策と言えそうだ。

九州新幹線の開業で沿線の航空路線は全滅するかと危ぶまれたものの、便数と格安運賃を武器に善戦している。たとえば熊本へは、伊丹からリージョナル機を中心に10便、関空からLCCが

2便、鹿児島へは、伊丹からリージョナル機を中心に15便、関空からLCCが4便飛んでいる。その結果、九州新幹線の航空への影響は横ばい、ないし微減でとどまっており、航空業界は胸をなで下ろしている。

また、北陸新幹線金沢開業に対しては東京〜小松線の機種を中型・大型機から小型機に置き替えて便数を維持するとともに、「国際線への乗り継ぎの利便性」をアピール。２０１４年春から羽田発着の国際線が大幅に増えたことから、北陸在住者の羽田乗り換えや訪日外国人の北陸観光といった需要の獲得に力を入れている。だが、新幹線開業後半年間で航空利用者は３〜４割減少しており、ＡＮＡは２０１６年春から1便減便するが、新幹線の通信環境の遅れに不満なビジネス客の航空回帰の動きもある。ただ、東京〜富山線はかなり厳しい状況だ。新幹線「かがやき」での所要時間は最速2時間8分。それに対し、航空は1時間なのだが富山駅からの空港アクセスバスは25分かかるので、トータルの時間を考えると差はほとんどなくなる。

「自由席」で強みを発揮する新幹線

航空が逆立ちしても新幹線に敵わないのが輸送力だ。以前の国内航空には1度に５５０人を運べるジャンボ機（Ｂ７４７）が活躍していたが、現在は双発エンジンながら最大５１４人を運べ

最大約550名を輸送することができたボーイング747

るB777-300が最大機種だ。新幹線は東海道では16両も連結されており、1編成で約1300人も運べる。2015年春のダイヤ改正で、1時間当たり最大15本（1万9500人）、1日323本（不定期列車を含む）での輸送力は4万人を超す。

予約変更の柔軟さも新幹線の強みだ。指定席券購入後でも、発車前であれば1回は無料で列車を変更でき、その列車に乗り遅れた場合でも自由席に座ればいい。航空では認められない自由席があり、最悪立ってでも乗れる。国内航空は、普通運賃で購入すれば飛行前のフライトの変更は可能だが、空席がなければキャンセル待ちをするしかない。また、大幅割引運賃では搭乗便の変更が認められないばかりか、乗り遅れると、最初から航空券を買い直さなければならない。

そんな航空の強みと言えば、少ない人数でも安定的な需要が存在すれば路線を開設できることだ。毎日100人の乗客が確保できれば小型機で、70人でもリージョナル機で運航できる。また鉄道は、停電などのトラブルが発生すると、一部の区間や全線で運転が見合わせとなるが、航空は便単位で運航できる。また、朝早く目的地入りができるダイヤの設定や、事前購入によって大幅割引になる運賃体系も魅力だ。出張需要や観光需要を、早めに囲ってしまおうという戦略で、効果を上げている。航空の戦略は、多様な割引運賃メニューに加えて、早期購入を促す仕組みが機能していると言えよう。

深まらない協力関係

以前から旅行商品の共同開発など部分的な提携はあったものの、航空と鉄道が本格的提携に踏み切った最初のケースがJALとJR東日本だった。2004年にJALカードとJR東日本の「ビュー・スイカ」カードを一体にした「JALカードSuica」を発行。この時点での「JALカード」の会員数は約122万人、年間取扱高7460億円の実績を上げ、JALマイレージバンクの登録会員数は1588万人。一方、「Suica」の発行枚数は831万枚、「ビューカード」は259万枚で年間取扱高2576億円と、交通系有数のカードに育っていた。提携によって両社ともカードの使用領域の拡大と、ライバル他社との差別化を図ろうとしたのだ。

ところが、ＡＮＡが２００７年にこの関係にくさびを打ち込んだ。「ＡＮＡカードＳｕｉｃａ」の発行に加え、ＪＲ東日本の個人向けＷＥＢサービス「えきねっと」と「ＡＮＡ ＳＫＹ ＷＥＢ」、法人向けＷＥＢサービス「ビジネスえきねっと」と「ＡＮＡ＠ｄｅｓｋ」のサービスを連携した。また、ＡＮＡグループの空港内売店ＡＮＡ ＦＥＳＴＡにＳｕｉｃａ電子マネーを導入。両社は、この提携を「包括提携」と呼び、マスコミは「強者の提携」と囃し立て、運輸業界の構図が変わるかのように報じた。

しかし、その後の提携はあまり深まっていない。ＪＡＬは２０１２年にマイレージバンクとＪＲ九州のＩＣカード乗車券「ＳＵＧＯＣＡ」及びクレジットカード「ＪＱ ＣＡＲＤ」が一体になった「ＪＭＢ ＪＱ ＳＵＧＯＣＡ」の発行を開始。ＡＮＡは、２０１１年にＪＲ北海道と提携し、「ＪＲタワースクエアカード」と「Ｋｉｔａｃａ」にマイレージサービスの機能を加えた「ＪＲタワースクエアカードＡＮＡ Ｋｉｔａｃａ」を、２０１３年にはＪＲ九州、ジェーシービーと「ＪＱ ＳＵＧＯＣＡ ＡＮＡ」の発行を始めたくらいにとどまっており、ＪＲ全社に拡大する気配はない。

しかし、最近注目されたのがＪＡＬグループとＪＲ東日本グループが提携し、台湾で訪日旅行者の拡大を目指す動きを始めたことだ。ＪＡＬは１９７５年に台湾で日本アジア航空を設立するなど台湾市場専門に取り組んでおり、１９９０年には子会社の旅行会社ＪＡＬパックが１００％子会社の創造旅行社股份有限公司を設立、台湾からの訪日旅行を積極的に企画・販売してきた。

一方、ＪＲ東日本グループにとっても訪日旅行は魅力的な市場になっており、台湾で東北旅行の拡販に実績のある創造旅行社に目を付けたということだ。訪日旅行市場の拡大を目指すため、グループの旅行会社のびゅうトラベルサービスが創造旅行社に出資し、より積極的な販売を図るという。将来的にはアジア一円からの訪日旅行者の増加につなげる計画だ。

鉄道と航空は補完関係にもあり、このような提携がもっと進んでも良いと思うのだが、それぞれ「一国一城の主」としてのプライドが邪魔をするのか、まだまだ距離を縮めきれないようだ。

ＬＣＣで変わった競争関係

鉄道とＬＣＣのコラボは、実に気楽に行われる。もともとＬＣＣが使える広告宣伝費は限られているため、格安の経費で社名をアピールしたり、販売促進ができればプラスとの意識がある。この点、大手の航空会社はブランドイメージやプレステージなどへの影響を考え、他企業とのコラボには慎重であるが、歴史の浅いＬＣＣは失うものが少ないと言える。

ＬＣＣの機内では、鉄道やバスなどの空港アクセスのきっぷが販売されることは日常茶飯事で

2012年に就航したLCCのジェットスター・ジャパン

あり、商品のカタログが備えられていたり、サンプル品の配布なども行われている。航空利用者は、「流行に敏感」と言われ、購買力のある乗客もいることから、新製品のPRには格好の場なのだ。

それにしても、2014年9月から1年間、南海電気鉄道の空港アクセス特急「ラピート」に、関空を拠点にするLCC、ピーチ・アビエーションのコーポレートカラーがデザインされた「Peach×ラピート ハッピーライナー」が運行されたのには正直驚いた。鉄道会社の企業イメージそのものである車両に、他社のコーポレートカラーの塗色を施したのだから大胆である。もっとも、最近は機体や車体が広告媒体として使われているのだから、昔ほどの抵抗はないのかも知れないが。

ピーチカラーは若い女性に人気があるようだ。

「Peach×ラピート ハッピーライナー」の出発式（2014年9月）

濃いピンクと「フーシア色」（紫に近いピンク）の組み合わせは世界の航空会社でも例がないユニークなデザインであり、鉄道車両がラッピングされると「ゴツい」「メカニック」なイメージを和らげ、「可愛いらしさ」が前面に打ち出される。ピーチにとっては、関空に競合ＬＣＣが増えていく中で、空港に到着する前からピーチカラーの露出を増やせるのはありがたいことだろう。また、ピーチはＬＣＣの仕組みを「空飛ぶ電車」と説明していることからも、実際にピーチカラーの電車が走ることはＰＲになる。

実際、航空機は陸上の交通機関にはなり得ず、鉄道は空を飛べないのだから、このようにもっと気軽に連携すべきだと思う。日中間の政策で使われる「戦略的互恵関係（お互い利益を得て共通利益を拡大し、関係を発展させること)」という言葉のようにあるべきではないだろうか。

「上級クラス」で始まった新たな戦い

国内航空の上級クラスは、1985年にANAが導入した「スーパーシート」に端を発する。誕生のきっかけは、同年に発生したジャンボ機墜落事故で航空離れが起きたことを心配した運輸省(当時)の発案だった。ちなみにJALは、同事故の影響を考慮して導入時期を遅らせた。スーパーシートは、国鉄の「グリーン車」を手本に、「広く、豪華なシート」と「機内食・飲み物」を用意し、大手3社が導入したがあまり話題にならなかった。各社が料金を下げても、なかなか需要は高まらなかった。

人気に火がついたのは、JALが2004年にスーパーシートを廃止し、1000円の割増料金で利用できる高級シート「クラスJ」を新設してからだ。クラスJは、「気軽に、くつろぎの空間をお楽しみ頂きたい」をコンセプトに、付加価値をシート周りに限定することで割増料金を少額に抑えた。前席との間隔は普通席よりも約16㎝広い95㎝、シート幅は約3㎝広い47㎝、肘掛け幅は3倍の18㎝を確保している。シートには人間工学による骨盤支持機能を取り込んで安定感を増し、シートのボトム、背もたれ、フットレストを連動させ、「揺りかご」状にして、約30度まで

ANAが2004年12月、国内線に投入した「スーパーシートプレミアム」
<全日本空輸提供>

リクライニングする。客室の前部に設置されたことで、目的地到着後に早く降機できるのもポイントだ。

ＪＡＬは、「運賃自由化以降、飛行時間の短い国内旅客は、重厚なサービスよりも手軽な運賃による快適なサービスを要望している」と判断したのだ。乗客は敏感に反応し、空港でもキャンセル待ちが引きも切らず、平均利用率が85％以上に達する人気商品になった。

一方のＡＮＡは、ＪＡＬのスーパーシートの廃止をまたとないチャンスと考え、単独運用となったスーパーシートを強化し、上級クラスの顧客の取り込みに躍起となった。２００４年12月には機内サービスを全面的にリニューアルし、以前よりも高級感をアピールするため、クラスの名称を「スーパーシートプレミアム」とした。座席を明るく上質感のある

JALが2007年12月、国内線に投入した「ファーストクラス」
＜日本航空提供＞

ものに替え、布おしぼりや、国際線で使用しているスリッパを導入。機内食には地方色を取り入れたメニューを週替わりで、茶菓も地方の銘菓を用意した。搭乗時には専用カウンターによるチェックイン受付や専用保安検査場（羽田のみ）を用意し、航空機への優先搭乗を行い、到着空港では手荷物の優先引き渡しを行う。その結果、ANAのスーパーシートも、良い結果をもたらした。以前は7割前後だった利用率は、2004年度で77・9％になったのだ。

これに対してJALは、スーパーシートプレミアムの上を行く「ファーストクラス」を2007年12月に羽田〜伊丹線へ導入。ANAのスーパーシートが国際線のビジネスクラスをイメージしているのに対し、ＪＡＬは国際線のファーストクラスのイメージを国内線に持ち込んできた。座席にはホワイトの本革を使用し、木目調仕上げの肘掛けと大型テーブルを用意した。すべての時間帯で、軽食や茶菓が提供され、料理は乗客の選択に応じて小鉢で用意される。セットメニューに終始しているＡＮＡの上級クラスに比べて、乗客の好み、我がままをかなえる自由度が高い。空港ラウンジの使用も可能だ。結果は好評で、座席数は少ないものの、安定した予約が入った。自信を深めたＪＡＬは、２００８年に対象路線を羽田～福岡／新千歳線に広げている。

ＪＡＬの「ファーストクラス」の動向に注目していたのは、ＡＮＡだけでなく、ＪＲ東日本も同様だった。同社管内の新幹線利用客は東海道新幹線に比べるとビジネス客が少なく、座席に余裕のある中で運賃単価を引き上げる上級クラスの開発は魅力的だったのだ。

そこで、２０１０年に東北新幹線が新青森まで延伸されたのを機に、Ｅ５系「はやぶさ」に「グリーン車」の上をゆく「グランクラス」を誕生させた。グランクラスの売りは本革を使い最大45度の電動リクライニングが可能なシートで、電動レッグレストや可動式のヘッドレストのほか、読書灯、モバイル機器用のコンセント、そしてスリッパ、アイマスクなどのアメニティセットとブランケットが用意されている。

東北新幹線の新青森延伸を機に登場したE5系車両

E5系車両に設けられた「グランクラス」

前席とのピッチはグリーン車（１１６０㎜）をはるかに凌ぐ１３００㎜もあるので、前席の乗客が一杯まで倒しても、窮屈さはない。座席の幅は５２０㎜とこれまたグリーンの４７５㎜より45㎜も広い。横1列3席配置で、グリーン車で55席のところを18席しか設置されていない。サービス面では、専任のアテンダントが配置され、軽食と飲み物が提供される。軽食は和食、洋食から選択でき、飲み物はアルコールを含む数種類の中からいつでも注文できるフリードリンク制だ。

これまでのグリーン車よりもはるかにリッチに移動を楽しめ、一人旅はさびしかったという乗客も、アテンダントによるサービスで満足感も高まるためか、利用率も高い。ＪＲ西日本とともに運営する北陸新幹線「かがやき」と「はくたか」、「あさま」（車内サービスはなし）にも連結されている。航空との切磋琢磨の戦いから生まれた鉄道の新たな魅力と言えるだろう。

新たな飛躍を目指す羽田空港

日本の航空発展のカギを握る最大の施設は、羽田空港だ。世界3位の経済大国の要である日本と東京の旺盛な航空需要の中心になっているからだ。しかし、ニューヨークが3空港、ロンドンが5空港、パリが2空港など、世界主要国の首都圏空港は複数の国際空港を運用している中、世界最大の人口を抱える東京（首都圏）には2つの空港しかなく、恒常的に容量不足が続いている。

従来、国際線は成田空港、国内線は羽田空港という分離政策により利用者の利便性は損なわれていたが、2010年に羽田空港に4本目の滑走路が完成したのを機に、状況は大きく改善された。羽田空港の国内線では海外では当たり前の「小型機の多頻度運航」が始まり、国際定期便も就航。発着枠も増えたが、すでに日中枠（7〜23時）は使い切っている。

依然として、国内、国際とも発着枠の拡大を求める要望は強く、国交省は羽田・成田に新滑走路の建設、横田基地の民間機乗入など、さまざまな可能性を検討しているが、いずれも直近の課題である2020年の東京五輪までには間に合わない。そこで、クローズアップされているのが、「東京上空の低空飛行解禁」だ。

現在、東京上空は高度6000フィート（約1800m）以下での飛行が禁じられている。そのため、羽田空港の発着便はすべて千葉県と神奈川県上空を飛行することになり、騒音被害は特に千葉県に集中している。また、空域が限られているためにこれ以上滑走路を増設してもほとんど運航便数を増やせない状況なのだ。ちなみに、現行の羽田空港の発着容量は4本の滑走路を使って年間44・7万回（日中時間帯）だが、空域に制限のないロンドンのヒースロー空港は、滑走路2本で43万回をこなしている。また、周辺に3つの国際空港のあるニューヨーク市の上空には、隙間がないくらい旅客機が飛んでいる状況だ。

そこで今、国交省は関係自治体や住民の理解を得て、利用のピーク時間帯に限って東京上空の低空飛行を解禁し、新たな飛行ルートを設定することを進めている。飛行ルート下の必要な建物には騒音対策を施し、飛行は低騒音機に限るとの条件で実施準備を行っているが、カギを握るのは住民の理解なので、対象地域でオープンハウスなどを展開し、広報・広聴に努めている。

国交省の予想による騒音は、高度約６００ｍで飛ぶ渋谷区で約68～74デシベル、約９００ｍの新宿区で約63～70デシベル（昼間の幹線道路周辺が70デシベル程度）という。

関係各所の理解を得られれば、日中枠で年間約３・９万回（１日当たり約52便）の増便が可能（現在の国際線は日中枠で年間６万回）になる。国交省は、現在74・７万回（日中枠）が上限の首都圏空港（羽田・成田）の発着枠を１０８万回程度に増やして、海外の主要首都圏都市並みの容量を確保することと、首都圏空港から直接行ける海外の都市数を現在の92都市から１５０都市程度に増やし、空港インフラを充実させることを計画している。

ここで重要になってくるのは空港アクセスだ。すでに羽田の乗降客は年間７０００万人を超えているが、東京上空の解禁によってますます大量の乗客をスムーズにさばかなければならないからだ。主力となるのが大量輸送が可能な鉄道アクセスだが、もともと羽田空港は都心から13㎞と世界の空港と比べても近いため、ＪＲ東日本の「羽田空港アクセス線」（第４章参照）が開業すれば、東京モノレール、京浜急行線とあわせて３線で広域をカバーできることから、世界で最も便利な国際空港になる。

羽田空港の利便性を高めるために、鉄道アクセスの充実は、まさに「鬼に金棒」なのだ。

4 鉄道に期待する航空のサービス

新幹線駅にも欲しい「ラウンジ」

近年、利用者のオアシスになろうと、さまざまな機能を充実させる空港が増えた。着替えのできる化粧室、身体をリフレッシュするシャワーやリラクゼーション施設、パソコンやスマートフォンなどの充電機器やWi－Fiの整備など。旅の途中で準備や体調を整えるには非常に便利になってきたと言える。

特に高い評価を得ているのが、上級クラス利用者用のラウンジだ。フライトの出発を待つ間にリフレッシュでき、準備も整えられる。ドリンク類だけでなく、レストラン並みの食事も用意されている。ビジネスの支援設備も充実しているため、簡単な書類づくりや、会社や営業先とのコミュニケーションにも便利だ。また、日本と寒暖の差が大きい地域との旅行などでも効果を発揮

JALの「JALサクララウンジ（羽田空港国際線）」（上）＜日本航空提供＞とANAの「ANAラウンジ（同）」（下）＜全日本空輸提供＞

する。たとえば、冬の日本からタイに旅行して帰国する場合、汗だらけの身体をシャワーで清め、冬服に着替えて航空機に乗ることができるのはありがたい。

最近はラウンジと機内サービスとの関連が注目されている。航空会社にとって、夜行便における機内食サービスは頭痛の種だった。出発時間が遅くとも機内食を期待している乗客と、早く眠りたい乗客が混在し、クレームにつながっていた。確かに、眠りを優先する乗客にとっては、深夜の軽食サービスは迷惑である。そこで、上級クラス利用者にはラウンジで出発前に腹ごしらえをしてもらい、離陸後に希望する乗客やエコノミー客には従来どおりの深夜の軽食サービスを提供するという航空会社が増えている。地上ラウンジはもはや付帯サービスではなくなり、機内サービスの一部に組み込まれているのだ。

このように、近年の航空会社は、収益の良い上級クラス利用者の評価が高いラウンジを、競争して拡充している。

一方、鉄道では、このようなサービスはまだ限られている。新幹線などの主要駅には待合室が設置されているが、質量ともに不十分で、天候が荒れていたり、夏の暑い日に、ホームで新幹線を待つのは苦痛である。ダイヤが稠密になった東海道新幹線では、始発駅でも列車に乗車できるのは5分前で、列車の中で出発を待つということもままならない。

そこで、ホームの上層階にグリーン車用のラウンジを整備してはどうだろうかと考えている。もちろん、食事などの用意は必要ないのだが、ゆったり座れるソファ、ドリンク類、テレビ、充電設備などと、簡単なビジネス支援機器が欲しいものだ。ホームに続くエレベーターを設置して、列車が入線してきたらホームに降りればよい。

バラエティ豊かな座席

最近の航空のクラス・座席の多様化は凄まじい。国内線は4クラス（ファースト、プレミアム、クラスJ、エコノミー）に加え、普通席にもピッチの広いシートが導入されているが、国際線には5クラス（スイート、ファースト、ビジネス、プレミアムエコノミー、エコノミー）もある。これに対して、新幹線は3クラス（グランクラス、グリーン車、普通車）だ。

また、新幹線と欧州の鉄道を比べて、最も違いを感じるのは車内レイアウトだ。欧州の長距離列車の車両には、コンパートメント（個室）、ボックス席、休憩スペースなどがあるが、日本の新幹線にはまったく変化がない。以前は、新幹線にもグリーン個室などがあったが、需要動向や採算性などの理由ですべて撤去されてしまった。もっとも、かなり高額な個室料金を設定しない限り、個々のスペースで試算すれば採算に乗らないのは日本も欧州も同様であろう。問題は個々の

山形新幹線「とれいゆ つばさ」の外観と足湯を備えた車内

座席単位だけでなく、列車の旅の楽しさは、列車単位で考えるべきだと思う。

ただ、こんな新しい動きもある。ＪＲ東日本は２０１４年７月、山形新幹線で「とれいゆ　つばさ」の運転を開始した。新幹線初のリゾート仕様の列車で、車内には畳敷きのお座敷指定席やラウンジ、何と足湯も備えている。さらに同社は２０１６年春以降、上越新幹線で「ＧＥＮＢＩ　ＳＨＩＮＫＡＮＳＥＮ／現美新幹線」の運転も開始する予定だ。こちらは「旅するアートカフェ新幹線」というキャッチコピーで、車内には現代アートを鑑賞できる空間やカフェ、キッズスペースが設けられるという。

以前からＪＲ九州の個性的な観光列車が人気を博しているのは、特徴のある車内空間や座席を有する車両に乗ることで、鉄道の旅の魅力が倍増するからだ。これからも、旅の目的のひとつにもなり得る楽しい列車が増えることに期待したい。

カウンター席の食堂車

乗りものの旅に彩りを添えてくれるのが、食事だ。スペースや設備が限られている航空機内では特に、料理が最大のエンターテインメントになっていると言えよう。しかし、機内食は収納スペースや安全規則の関係で管理設備、調理器具などの制約が多いため、メニューの選択や味に対する不満も多い。

まず、調理してから乗客に提供するまでの長時間、保存・管理しなければならない。冷めた料理を再度温めて提供するため、味を保つのは至難の業である。温めるための調理器具は限られ、裸火は使えないなどの制約もある。そして飛行中の機内の気圧では水の沸点が低く、通常の電気釜では美味しいご飯が炊けない。

一方、鉄道にはそのような制約は少ないのだから、食事を提供しないのはもったいない。鉄道の旅には、昔から駅弁があり、食堂車もあった。駅弁は食材や調理方法にローカル色が強く出ているので、舌で味わう旅そのものである。昔は、ホームに停車中の列車の窓から駅弁の売り子さんに声をかけて買っていたものだが、安全上の理由などから窓が開かない車両が増え、駅での停車時間も短くなったことで、現在では移動中に駅弁を買えるのは車内販売に限られている。

食堂車の方は、列車のスピードアップで乗車時間が短縮された影響もあって需要が減り、2000年初頭には一部の寝台列車を除いて消滅した。しかし、近年は車内で食事やスイーツなどを提供する、広い意味での食堂車を備えた観光列車が増えているのは喜ばしいことだ。一般の新幹線や特急列車にも、カウンター席を備えたテイクアウト専門の食堂車があれば便利だ。テーブルを置かないため、省スペースでの設置が可能。3種類程度の定食と麺類・丼物を少々、飲料・デザートとビール程度が揃っていれば、利用者は結構多いと思う。

鉄道は、航空には真似のできない「食の多様性」を強みとした取り組みをもっと進めるべきではないだろうか。

ヘリンボーン型半個室シート

国際航空の上級クラスではさまざまなシートが生まれているが、最近では1人ずつの座席をパーテーションで囲う「半個室型」が標準になりつつある。他の乗客との接触がなく、他人の目を気にしないで旅を楽しむことができるからだ。

中でも、独立した座席をすべて機体の軸に対して45度斜め向きに並べて配置する「ヘリンボーン型」が面白い。ニシンの骨のような「ヘリンボーン柄」にあやかったもので、2006年にヴァージン・アトランティック航空が「アッパークラス・スイート」として採用し、ニュージーランド航空なども採用した。シートを斜めに配置することで、ベッドにした時の長さを十分に確保できるほか、頭頂部分が広く、すべての座席から通路に出やすいなどの利点も多い。何よりうれしいのは、パーテーションで周囲の席と遮断されるので、プライバシーが守られることだ。上級クラスでは2人並びの座席が増えたが、隣席が騒々しい客だった場合は大変だ。特に、長時間飛

ニュージーランド航空が投入したヘリンボーン型シート
＜ニュージーランド航空提供＞

行の場合にはゆっくり寛ぐどころかペースを乱され、苛立ってくる。

上級クラスの２人並びは、鉄道も同じだ。グリーン車の場合は、空いていると２人席の隣席を空けてくれることが多いが、混んできて２人掛けになると、気を使う。そこで、新幹線のグリーン車にもヘリンボーン型の半個室シートを導入してはどうだろうか。コストの上昇を極力抑えるため、座席のつくりはシンプルに、リクライニング度は１３０度ほどで十分だと思うが、パーテーションは高めにして、少しでも防音機能を持たせられれば良い。孤独な旅を楽しみたい乗客だけでなく、読書を満喫したい旅客、車内で仕事をしたいビジネス客、幼児やペット連れの旅客など、さまざまなニーズがあるのではないだろうか。

A350のシートに設置されたテレビモニター

団体旅行が減り、個人旅行の増えている昨今、鉄道は個人客の魅力を増やすことにも努力してもらいたいものだ。

テレビモニター

航空機内でのエンターテインメントに革新をもたらしたのが、座席の前に設置されたテレビモニターだ。導入期にはコストも高かったために、上級クラスにしかなかったが、昨今ではＬＣＣにはないものの、フルサービスキャリア（ＦＳＣ）の長距離便には大体ついている。

コンテンツは「安全設備などの説明」「現地空港の案内」「観光案内」「映画」「ビデオ番組」「ゲーム」「音楽プログラム」「飛行ルートの説明」などで、２００チャンネルを超えるソフトを用意している航空会社もある。最近は多言語にも対応し、多国籍になった乗客にも安全への理解を深めるとともに、旅を楽しんでもらえるようになった。また、モニターを情報機器の端末として活用する試みも始まっており、機内食の注文ができるキャリアもある。

一方、鉄道では、JRが新幹線や特急列車で試行的に導入したことがあるが、本格導入には至っていない。近年、テレビモニターの製品価格は大幅に下がっているので、改めて導入を検討してみてはどうだろうか。

今のところ、運行情報や営業情報などは、車内アナウンスで流れるほか、LEDや液晶画面などを用いた案内標示装置で提供されている。これらの情報を、個人がテレビモニターを使って見ることができれば利便性は大きく高まる。現在の位置情報、運行情報、降車駅の到着予定時刻、乗換駅での接続ダイヤの検索や連絡通路の案内、帰路の列車の検索・乗車券の販売（会員カードやクレジットカードで決済）、観光・イベント情報、タクシーや宿泊施設の手配なども可能になる。チケット情報と連動させれば、降車の通知をしてもらうこともできるだろう。一部の鉄道会社では、このような情報を携帯端末のアプリを使って提供するサービスが実施されている。

車内サービスに関しては、車内アテンダントとの連絡、車内販売への注文もできるし、同じ列車や近隣の列車に乗車している知人とのコミュニケーションも可能になる。

エンターテインメントで、音楽、映画、ビデオ番組、ゲームソフトを流してもらえれば、乗客は有効に時間を使えるほか、一部の番組を有料化すれば鉄道会社も収入を得られる。将来、設置台数が増えれば通信販売にも使えるだろう。ちなみに航空では、物販やインターネット接続料金はかなり重要な収入源になっている。

新幹線は航空よりも乗車時間が長く、乗車中には完全に乗客を囲い込めるので、さまざまなビジネスチャンスの可能性が生まれる。テレビモニターの導入で、輸送機関である新幹線や特急列車で通販ビジネスや情報ソフトビジネスの展開が可能になるのだ。

高速鉄道については、アジアでも中国や韓国の追い上げが激しくなっている。ＪＲには、テレビモニターを活用した総合的な情報サービスを実現し、日本の新幹線の先進性を内外にアピールしてもらいたいものだ。

荷物の宅配サービス

大きな荷物がある時に便利なのが宅配サービスだ。航空を利用する時には荷物を空港に送ることができ（航空会社の上級クラスでは「ピックアップサービス」もある）、帰路は空港で宅配サービスに預ければ、手ぶらで家路に就くことができる。以前は翌日配達しかなかったが、最近は一部の地域で当日配達も行われている。成田空港では、昼までに荷物を預ければ東京23区内や近隣地域で即日受け取れるし、中部空港では、ヤマト運輸が午前11時までに受け付けた荷物を中部3県（愛知、岐阜、三重）のホテルや旅館に当日中に配達するサービスを始めた。また、出発便にあわせて、空港まで荷物を届けるサービスを導入しているホテルもある。このサービスを利用すれば、荷物を先に送り出して手ぶらでゆっくり観光を楽しむことができる。

国内の空港には、大体、宅配便の受け取りや発送ができる場所がある。しかし、鉄道駅ではほとんど見たことがない。大きな荷物を持った乗客にとっては切実な問題だ。今では、駅で荷物を運んでくれる「赤帽（ポーター）」も見られなくなった。そのサービスの穴を埋めるためにも、構内に宅配便の扱い場所を設けて欲しい。航空会社のマーケティングでは、旅の範囲は「利用者の戸口から戸口まで」に広がっているのだが、鉄道は「駅から駅」にとどまっているのがもったいないところだ。

第2章　コラボで新たな段階に進化した例

1　空港戦略にTGVを組み込み復権したフランス

地理で恵まれた日本

昨今の国際航空の世界で重要なのが、地域のハブ空港だ。ハブとは自転車の車輪の中央にある車軸のことで、車輪の枠を支えるスポークの中心にあることから、多くの路線（スポーク）の中心となる空港をハブ空港と呼ぶ。

国際線のハブ空港として認められれば、大陸間の長距離便や地域内の短距離便など多くのフライトが発着し、ヒトやモノが集中する。逆にハブ空港にならなければ、ネットワークの核から外れて国の活力にも影響する。従って、主要国はハブ空港の整備に力を入れているのだが、十分な施設・設備に加え、その都市の需要や乗り継ぎの需要の多さが決め手になる。

戦後、日本経済の急成長により、羽田空港が東アジアにおけるハブ空港の役割を果たしてきた。太平洋を横断する路線の場合、航空機の航続距離上の制約から東アジアの空港で給油する必要があり、地理的条件からも長距離路線の乗継空港となる「ゲート」として理想的だったのだ。

しかし、１９８０年代から空港容量に余裕がなくなったことや日本経済の成長の鈍化、保守的な国際航空政策による乗入制限、さらに航空機の航続性能の向上などにより、羽田空港は東アジアのハブ空港の地位を維持するのが難しくなっている。近年は経済発展が目覚ましいアジアにおいてハブ空港を目指して大規模空港の整備が進み、韓国、中国の追い上げも激しい。

航空機の進化でハブ空港を失った国

かつて、航空先進国の多い欧州では、それぞれの国が拠点となる空港を整備していた。国を代表するフラッグ・キャリアは、自国で開発・製造された旅客機を使用し、自国の拠点空港から欧州一円、海外主要都市へのネットワークを張っていた。それは、列強国としての証でもあったのである。だが、航空機の性能が向上し、欧州の経済が一体化されると国土の狭い欧州各国の空港間での競争、淘汰が始まった。

航空機の性能向上で、空港間競争が顕在化してきたのは１９５０年代。その頃の航空機の航続距離は欧州から大西洋を横断するのが精一杯で、距離が最も短いオランダ・アムステルダムのスキポール空港やデンマークのコペンハーゲン空港が欧州側のハブ空港となった。特に昔から国際通商が活発だったオランダは、スキポール空港を拡充して積極的に外国の航空機を受け入れ、「欧州の玄関口」と盛んにアピールした。

ところがその後、航空機の航続距離は大幅に伸び、イギリス、フランス、イタリアなどの南欧以外の国からは直接北米に飛べるようになったため、状況は一変。スキポール、コペンハーゲンの両空港に寄港するフライトが激減し、存在意義は低下していった。

そこで、デンマークは観光客誘致のために、キャンペーンソング『ワンダフル・コペンハーゲン』を作り、映画『アンデルセン物語』の挿入曲としてヒットさせた。オランダもスキポールに寄港するフライトをつなぎ止めようと、空港設備の充実を図るとともに、アジアに目を向け、乗継客への優遇策（ホテル代や市内観光を無償で提供）を講じて「アジアから欧州への玄関口」を自称した。アジアから欧州に向かうと、アムステルダムは欧州大陸の入口部分に位置するので、乗り継ぎによる時間のむだが少ないのである。

欧州の経済一体化による航空と空港の再編は、1980年代に始まったEU（当時はEC＝欧州共同体）域内で航空自由化をきっかけに起きた。国境の垣根を外してみると、国別に航空会社や拠点空港が成り立つほど、欧州は広くはなかったのである。また、自由競争になると、航空会社間の実力差も鮮明に浮かび上がり、整理・統合が始まった。

ドイツのルフトハンザ航空はオーストリア航空、スイス国際航空を傘下に収め、イギリスのブリティッシュエアウェイズ（BA）は、スペインのイベリア航空を取り込んだ。中でも熱心だったのは、イギリスとドイツで、航空会社とその拠点空港の整備を進め、周辺需要を背景にハブ空港の地位を固めていった。

TGVとの連携でハブの座を奪回したパリ

残った欧州の航空主要国は、フランス、オランダ、イタリアだが、いずれもプライドが高く、他国の航空会社の傘下に入ることを渋った。特に、公務員と労働者の権利意識が強いフランスでは、既存の体制への執着心が強く、国営航空会社エールフランスの民営化も遅れて、経営改革が進まなかった。

さらに、フランス・パリが不利だったのは、空港政策で長距離路線の発着はシャルル・ド・ゴール空港、欧州一円及び国内はオルリー空港に分けられていたことだ。アジアやアメリカから他の欧州内都市やフランス国内の地方都市に向かう乗客は、ド・ゴールからフランスにいったん入国し、鉄道やバスでオルリーまで行かなければならなかった。ちょうど、日本で成田は国際、羽田は国内と分けていたのと同じだ。そのため、煩雑さを嫌う乗客はパリを避けるようになり、欧州を代表する空の表玄関は、ロンドン（ヒースロー）、フランクフルトと、アジアとの距離が近いアムステルダム（スキポール）に絞られた。

エールフランスも財政改革が進むどころかにさらに悪化し、フランスは欧州における航空の地位の低下が顕著になり、観光産業などにも影響が出るようになった。そこで、国はエールフランスの民営化を急ぐとともに、パリのド・ゴール空港のハブ化を目指した。欧州一円に鉄道網を張り巡らす予定のＴＧＶをド・ゴール空港に引き込み、航空と鉄道の連携で、欧州のハブ空港競争に挑んだのである。

三大ハブ空港であるイギリス・ロンドンのヒースロー空港、ドイツのフランクフルト空港、オランダ・アムステルダムのスキポール空港で乗り継ぎすると、最終目的地へは欧州内の空港から、さらに地上交通を使用することになるが、ド・ゴール空港からＴＧＶを使用すれば、直接行けるケースが多くなる。

たとえば、日本からフランスのマルセイユに行く場合にフランクフルト空港で乗り継ぐと、東京→フランクフルト空港→マルセイユ空港となり、そこからバスやタクシーなどでマルセイユ市内に移動することになる。しかしド・ゴール空港を利用すれば、東京→ド・ゴール空港、そこからＴＧＶに乗車してマルセイユ市内駅に到達できる。もちろん、ＴＧＶですべての目的地に行けるわけではないが、ＴＧＶの停車駅は空港のネットワークよりも細かいので、最終目的地までの乗り換えを1回省けるケースが生まれるのだ。

ド・ゴール空港第2ＴＧＶ駅は本格的なもので、1994年に開業したＬＧＶ東連絡線（ＬＧ

欧州三大ハブ空港の1つであるド・ゴール空港
<トラン・デュ・モンド提供>

ド・ゴール空港第2TGV駅に入線するTGV
<トラン・デュ・モンド提供>

Vとは T G Vが走行する標準軌高速鉄道路線のこと）の駅である。同線は、ベルギー国境のリールを経由してユーロトンネルに向かうL G V北線とパリ～リヨン間を結ぶL G V南東線を連絡しており、フランス国内の主要都市のみならず、フランスとベルギー、ドイツ、オランダを結ぶ国際列車、ユーロトンネルを経てイギリスを結ぶユーロスターも運行されている。リヨンまでの所要時間は航空よりも短い。ちなみにT G Vの最高速度は、在来線ではおおむね時速220㎞だが、L G V線内では時速320㎞となる。さらに、動力集中方式のT G Vより速い時速360㎞で走行するA G V（動力分散方式の高速電車）の開発も進んでいる。

パリのド・ゴール空港が競争力を強めると、長距離便の発着数が減ったスキポール空港の競争力が弱まり、昨今ではド・ゴール空港、ヒースロー空港、フランクフルト空港が欧州を代表する三大ハブ空港になった。もちろん、エールフランスがK L Mオランダ航空の経営権を掌握したことも影響しており、欧州のフラッグ・キャリアは、ルフトハンザ、B A、エールフランスの3メガキャリアに集約された。

２　交通モードの棲み分けを図る欧州

１９８０年代から進められてきた「総合交通政策」

欧州主要国では、交通による公害（温室効果ガス）の削減と、交通過疎の解決のため、総合交通政策を採用してきた。

イギリスでは「新交通政策に関する白書」をもとに、異なる交通機関の連携　環境との連携、土地利用計画との連携などが掲げられ、総合的な交通基盤の整備が進められている。距離４００km以下の路線からは航空はなるべく撤退して鉄道輸送に切り替えたり、時間に制約の少ない貨物の輸送には温室効果ガス発生の少ない水運を活用するなどだ。

フランスでは「国内交通基本法」により、道路、鉄道、海運、航空などすべての輸送機関を総合的に運用することになり、ＴＧＶの延長に伴って近距離輸送を鉄道に切り替える傾向が見られる。パリ～ブリュッセル間では、航空会社が運航を中止し、ＴＧＶを借り上げて接続の航空旅客を輸送するようになった。

ドイツの「連邦交通路計画」では環境が重視され、航空や自動車輸送から鉄道と水運への転移が重点的に進められている。その一環として、フランクフルト空港に高速鉄道ＩＣＥを乗り入れ、

フランクフルト空港遠距離駅に停車するICE

航空と鉄道の接続輸送を積極化させた。
以前のフランクフルト空港には、1972年に完成した鉄道駅（現在の「フランクフルト空港近距離駅」）しかなく、ICEに乗るには、一般の郊外電車「Sバーン」でフランクフルト中央駅まで行かなければならなかった。しかし、1999年に「フランクフルト空港遠距離駅」が開業、2002年にはフランクフルト中央駅～フランクフルト空港遠距離駅～ケルン中央駅を結ぶ高速新線NBSが開通し、リール地方との距離も縮まった。ICEの最高速度は、NBS、在来線ともに時速250㎞だが、フランクフルト中央駅～空港駅～ケルン線では300㎞まで認められている。
ICEのフランクフルト～ケルン～ニュルンベルク～シュトゥットガルト線が整備された段階で、ルフトハンザはこの区間内の航空路線を段階的に撤退させた。また、フランクフルト空港を発着する一部のＩＣＥに便名を付けて、航空便扱いの「エア・レイル」を、自らのネットワークに組み込んで航空座席同様に販売している。車両・座席はドイツ鉄道だが、車内サービスはルフトハンザが行うというものだ。

空と陸で変わる景色

筆者も１９８０年代、ドイツに旅した際に「エア・レイル」の前身である「エアポート・エクスプレス」をフランクフルト～ケルン～デュッセルドルフ間で利用したことがある。航空機だとフランクフルト～デュセルドルフ間はわずか30分程度の時間なのだが、味気ない。シートベルトを締めて上昇飛行に耐え、ようやく水平飛行になったと思ったら、すぐに着陸のための降下が始まる。乗り物の旅を楽しむどころか、機内に30分間閉じ込められるような気分だ。

ところが、エアポート・エクスプレスでは、自席でワインつきの豪華なランチをゆっくりと楽しみながらライン河畔の景色を満喫することができた。飛行機の欠点である、座席の狭さ、突然の揺れへの不安もないので、落ち着いて食事を楽しめるし、適度なスピードが次々と新しい景観を用意してくれる。

列車は小さな村や、農作業が行われている畑の脇を通り、人々の生活を垣間見ながら走るので、その土地に対する親しみが湧く。それまでは航空機で飛び回っていたためにその国や地域に今ひとつ馴染めなかったが、車窓で展開されるさまざまな景色に見入っているうちに感情移入し、ドイツへの好感が強くなっていった。改めて、スピードと高度が異なると景観がまったく変わることを痛感したものだ。

車両は西ドイツ国鉄の上級クラス、サービスは洗練された航空のサービスで、まさに良いとこ取りだったと言える。同時に、頑固一徹と思っていたドイツ人が、航空と鉄道の両者の間で協調し、互いの良さを出し合って新たな輸送体系を作る努力をしていることにも感銘を受けた。

ちなみに、日本で2014年に成立した「交通政策基本法」は、欧州の総合交通政策法をモデルに起草されたものだが、輸送モード間の移転まで踏み込んだ欧州各国の基本法のような強い調整機能は明記されていない。

3　アジアでも増える高速鉄道の空港乗入

全土で新幹線の建設が進む韓国

アジアで航空と鉄道の棲み分けに積極的なのは韓国だ。韓国版新幹線のKTX（Korea Train

2014年から仁川国際空港駅への乗り入れを開始したKTX
＜トラン・デュ・モンド提供＞

Express）はフランスのＴＧＶをベースにし、在来線に乗り入れできる利点が生かされている。

２００４年に暫定開業し、２０１０年に東大邱《トンテグ》～釜山《プサン》間の高速線が開通してソウル～釜山間を２時間18分で結ぶようになると、国内航空は壊滅的打撃を受けた。航空のソウル～釜山線は同区間を約１時間で飛び、国内航空最多の旅客数があったが、乗客の激減を受けて航空便はほとんどが撤退した。しかし、２０１４年からはＫＴＸが仁川《インチョン》国際空港駅への乗り入れを開始し、航空との連携が生まれた。京釜《キョンブ》線ソウル～釜山間の列車の上下６本が仁川空港まで延長運転されている。

　韓国の空港アクセス鉄道は在来線でも充実している。ソウル市内中心部と仁川空港間には仁川国際空港鉄道「Ａ'ＲＥＸ《エーレックス》（Airport Railroad EXpress）」が建設され、ノンストップの直通列車だと同区間を43分で結ぶ。

興味深いことに、直通列車は途中にある金浦《キンポ》空港駅には停車しない。以前は金浦空港がソウルのゲート空港だったが、2001年に仁川空港が開港し、国際線が仁川に移ったあとは、国内線と近距離国際線だけになった。仁川空港〜金浦空港間の乗り継ぎは想定していない。日本で「成田と羽田を高速鉄道で結んで利便性を高めよう」という意見が強いのとは反対である。ちなみに、ソウルから金浦空港までは仁川国際空港鉄道の一般列車（各駅停車）で20分だが、市内と郊外を結ぶ地下鉄が2本（5号線・9号線）も空港に乗り入れており、こちらの方が便利だ。

また、KTXは国際イベントの開催地へのアクセスでも活躍し、国際博覧会が開かれた全羅《チュルラ》線の麗水《ヨス》まで直通運転を行うなどしたが、2018年の平昌《ピョンチャン》冬季オリンピックに向けた専用軌道の建設は断念された。現在、仁川空港〜平昌間はバスで約3時間かかり、KTX路線を建設すれば68分で結ばれるのだが、予算や閉幕後の需要が見込めないことから、3兆9410億ウォンで在来線新線を原州《ウォンジュ》〜平昌〜江陵《カンヌン》間に建設し、仁川空港からKTXを直通させる工事が進んでいる。

アクセスにリニア鉄道

高速アクセス鉄道として有名なのは、中国のリニアモーターカー「上海トランスラピッド（マ

世界最速の空港アクセスリニア鉄道「上海トランスラピッド」
＜トラン・デュ・モンド提供＞

グレブ)」だ。ドイツが開発したリニア鉄道トランスラピッドの技術を導入したもので、浦東《プードン》国際空港駅と上海市郊外の龍陽路駅の約30kmの区間をノンストップ7分20秒で結ぶ。

最高速度は時速４３１km（トップスピードの持続時間は約1分間）だが、高速運転にはコストがかかるため、朝夕の時間帯以外は時速３００kmにとどめ、8分10秒で結んでいる。その速さは凄まじいもので、車体の形も確認できないまま、目の前を一瞬で通り過ぎる。

総工費89億元をかけ、２００２年12月末に開通した。年間の輸送能力は１・５億人というが、龍陽路駅から上海中心部まで行くには地下鉄への乗り換えが必要なこと、運賃が高いこともあって、利用客はあまり多くなく、能力をフル活用できていない。

将来計画には、上海南駅を経由して上海のもう一つの空港である虹橋《ホンチャオ》国際空港へ至る計画や杭州市に伸ばす計画、さらには北京まで１３００㎞もの距離を延伸（総工費４０００億元）する構想もあるが、計画が実際に動き出す気配はない。

第3章

増える空港アクセス鉄道

1　アクセスは二の次の日本

1万円を超えるタクシー代

海外の空港を利用して感じるのは、アクセスの便利さと、運賃の安さだ。中心地までの所要時間は公共交通機関で30分、費用はタクシーでも2000円以下の空港が多い。空港は、都市機能の一部として組み込まれている。

ところが日本では、東京だけでなく地方都市でも中心地から遠い空港が多い。鉄道の場合は駅を中心として街が形成されてきたため、結果として鉄道は街中を通り、駅は利便の良い街の中心に位置しているのが一般的だが、その後に作られた空港は「迷惑施設」として街外れに追いやられているケースが多い。もちろん、最大の理由は空港が発する騒音公害だ。

昔は鉄道の公害も問題にされた。蒸気機関車から出る黒煙は迷惑がられ、地響きを立てる列車の振動は近隣住民の生活に影響を及ぼした。ただ、鉄道会社はさまざまな改善に取り組み、住民からの信頼回復に努めてきた結果、地域に貢献するプラス要因がマイナス要因を上回るとの評価が定着した。

それに比べて航空は、マイナス要因である騒音被害が大き過ぎる一方で、地域社会に与える空港の貢献度がまだ低いということなのだろう。特に、近隣住民の空港利用度が鉄道よりも圧倒的に少ないため、恩恵が少なく歓迎されていない。従って、航空利用者は不便を強いられることになる。

筆者は以前、山口宇部空港を利用する際に空港バスに乗り遅れたことがあるが、代わりに乗ったタクシーは空港バスの発着する新山口駅からでさえ８０００円もかかった。だが、これは例外ではない。秋田空港はバスで45分、タクシーは７４００円、福島空港は郡山までバスで40分、タクシー８５００円、山口宇部空港（山口駅まで）はバスで82分、タクシー１万７０００円、大分空港はバスで60分、タクシーは１万４５００円、鹿児島空港はバスで55分、タクシーは１万１５００円もかかる。自宅から50分ならばまだ許せるが、市内中心部から50分なのである。しかも、たまに利用する国際線ならば致し方がないとしても、飛行時間が１時間程度の国内線に乗るためにアクセス時間が1時間半もかかるのでは効率が悪い。

成田空港は都心から約1時間、さらに都心から自宅まで約1時間かかる筆者は、出発時間の４時間前に自宅を出なければならない。ましてや、深夜・早朝など公共交通機関が十分に動いていない時間帯では、空港近くに宿泊するか、２万円近いタクシー代を覚悟しなければならない。

首都圏空港の遠さはデータ（２０１０年度）上からも明らかになっている。東京圏の夜間人口において成田空港までの所要時間は長い。40分未満は3・5％に過ぎず、40〜60分が11・7％、60〜90分が45・7％、90分以上が39・0％だ。一方、羽田空港は都心から13㎞という世界で最も近い国際空港の部類に入るが、東京圏の夜間人口では1時間以内で着ける比率は47・2％しかない。1時間半以内でも86・7％、1時間半以上が13・2％もいる（国土交通省 交通政策審議会「東京圏における今後の都市鉄道のあり方に関する小委員会」２０１５年3月3日討議資料より）。「東京は空港アクセスに時間がかかる」ということは、世界でも有名な話だ。成田空港は都心から約60㎞。東京駅まで出る場合、「成田エクスプレス」で約1時間、東京空港交通のリムジンバスで90分（上り）なので、小旅行並みだ。

都市問題を研究する森記念財団が評価した「世界の都市総合力ランキング２０１４」で東京の総合順位が4位にとどまったのは、「交通・アクセス」が10位、「居住」が17位で足を引っ張ったからだ。「交通・アクセス」は、羽田への国際線乗り入れ、成田スカイアクセス線の開通で改善が見られ、同ランキングが初めて発表された２００８年の23位から10位に上昇したものの、都心から国際空港への移動時間や国際線直行便の就航都市数、通勤・通学のしやすさに課題が残る。ちなみに、評価分野は「経済」「研究・開発」「文化・交流」「居住」「環境」「交通・アクセス」に分かれている。

空港アクセスの責任者は誰だ

日本の表玄関の成田空港は開港から40年近い年月が経っているにもかかわらず、まだ最終形のアクセスが完成していないのは問題である。

新東京国際空港（当初の正式名称）の位置が成田に確定したのは１９６６年で、建設が始まったのは１９６９年。１９６６年に公開された基本計画に提示されていた鉄道系アクセスの主役は、東京駅から空港地下駅までを最速30分で結ぶ「成田新幹線」だった。成田新幹線は１９７０年に公布された「全国新幹線鉄道整備法」をもとに計画され、１９７４年に着工した。

成田線との交差地点である土屋地区から空港までの８・４㎞と東京駅の施設（現在の京葉線ホーム）は完成したものの、空港アクセスに主眼を置いた新線計画は、沿線が受ける恩恵が少ないことから関連自治体の首長や住民の理解が得られず、途中の用地買収がなかなか進まなかった。

一方、自社の事業エリアに「空港が舞い降りてきた」京成電鉄は、千載一遇のチャンスとばかりに京成成田駅から空港までの延伸計画を立てた。だが、「成田新幹線」を掲げた国は京成の計画に本気で取り合わず、ターミナルビルへの乗り入れも認めなかった。そして、この選択は最悪な結果となってしまった。成田空港（現：東成田）駅は、空港建設反対の過激派を恐れて空港の周りに張り巡らされた鉄条網の外に位置することになり、ターミナルビルまでの約１㎞を連絡バスに乗る羽目になってしまったのである。徒歩でも行けるのだが、15分かかる上に途中に厳重な検問があり、とても気軽に利用できる雰囲気ではなかった。

成田空港は1978年に開港する予定になったが、成田新幹線の建設はメドが立たず、京成成田空港駅も世間から認知してもらえず、都心からのアクセスの主役は専らリムジンバスになった。当時、リムジンバスは日本橋・箱崎の東京シティエアターミナルとの間をメインに運行（目標タイムは、空港行きが70分、箱崎行きが90分）されたが、首都高速道路はまだ湾岸線が開通しておらず、混雑による遅延で搭乗予定便に乗り遅れる乗客が続出した。

このように、日本の表玄関の空港アクセスは極めて脆弱な状況だったにもかかわらず、成田新幹線計画は結局1981年に凍結され、運輸省（当時）は「サジを投げた」ままで代案を作る努力も怠った。そのため、国内外の乗客に不満を抱かせ、「成田は恐ろしく遠い空港」とのイメージが定着したのである。

1987年4月に予定されていた国鉄の分割民営化が近づいたため、運輸省は1984年、成田新幹線用の高速鉄道路盤の完成部分（空港地下駅〜土屋間8・7㎞）を活かして在来線につなげる3通りの案をまとめた。A案は成田空港駅に伸びている京成電鉄本線の線路を駒井野地先でつなぎ、京成上野発の電車を空港地下駅に引き込む。B案は千葉ニュータウンへのアクセスとして建設の始まっていた北総開発鉄道（現：北総鉄道）の北総・公団線を成田空港まで延伸（現：成田スカイアクセス線）。そしてC案は高速鉄道路盤を250m延伸してJR成田線と接続するというものだった。

1984年11月に運輸省と千葉県は、B案の採用を決定したものの、事業主体が決まらず、再び放置された。その後、国鉄の消滅により空港地下駅の使用者は国鉄に限るとの縛りがなくなり、さらに1988年度の成田空港利用者は年間2000万人を超えていたが、「成田空港のアクセスに鉄道は永遠に無理」との諦念が世間を支配していた。

その諦念を打ち破ったのが、1988年当時に運輸大臣の任にあった石原慎太郎氏だった。1988年5月に建設費が安いC案に近い私案をまとめ、事務当局に具体的検討を指示したのである。

これによって、構想は実現に向けて動き出した。アクセス鉄道をJRに奪われてはかなわないとの京成電鉄の要望でA案も同時に整備することになり、1988年10月に成田空港高速鉄道㈱が設立された。出資は、JR東日本、京成電鉄のほか、千葉県、JAL、ANA、JASの大手3社も加わり、年度内の着工が合意された。そして、何と1991年3月にJR東日本と京成電鉄が地下駅からの運転を開始したのである。長年こう着状態にあった画期的な空港アクセスが、運輸大臣の一声で実現したことには驚かされた。

次の空港アクセスの改善は、２０１０年に開業した京成成田空港線（成田スカイアクセス線）だ。前述のＢ案である。

北総線の終点になっていた印旛日本医大と京成本線の間に10・７㎞の新線を建設することで、日暮里から成田空港まで51分かかっていた「スカイライナー」の所要時間が最短36分（日暮里〜空港第2ビル間）に短縮された。Ｂ案は以前から何度も練られていたが、実現に向けて動き出したのは、「羽田空港の国際化」を巡る動きがきっかけだった。

話は１９６６年にさかのぼる。首都圏の新国際空港を成田に決定する経緯で、国は千葉県に「首都圏の国際線は成田に限る」と約束したが、これが国の空港政策の大きな縛りになってきた。１９８０年代から「羽田の国際化」の要望が強まる中でも、千葉県は事あるごとにこの約束を持ち出して、頑なに「羽田の国際化」を阻んできたのである。だが、国際化が進む中で首都圏の国際線を成田だけに制限しておくことの弊害が目立ち始め、世論は「羽田の国際化」に傾いていた。そのため、「羽田の国際化の流れを押し止めるのには限界」と判断した堂本暁子千葉県知事（当時）は、「成田空港への鉄道アクセスを短縮できれば、羽田との競争で時間差が少なくなる」と、新高速鉄道の整備を条件に方針転換を受け入れる決断をしたのだった。

国土交通省はこれを「首都圏の空港政策を実現できるチャンス」ととらえ、本気で新高速鉄道の実現に動いた。国交省のシナリオで、2000年3月に千葉県が国交省、新東京国際空港公団（NAA。現：成田国際空港㈱）、関係市町村などを集めて「成田新高速鉄道事業化推進検討委員会」を立ち上げ、鉄道整備は新たに設立する第三セクター「成田高速鉄道アクセス」が、運行は京成電鉄が行うことで合意した。

問題は1621億円と見積もられる事業費だったが、国交省は同年1月に出された運輸政策審議会の答申に早期着工を盛り込み、都市再生本部の指定事業への指定を行ったことで予算が確保でき、構想は具体的に動き出した。

建設資金1285億円の内訳は、出資金205億円（NAA51%、千葉県43%、京成電鉄5%、JALとANAで1%）、補助金460億円（国と自治体が50%ずつ）、負担金261億円、借入金359億円で、他に空港内の駅施設改良工事の281億円はNAAが負担し、完成後は京成電鉄が線路使用料を成田高速鉄道アクセスとNAAに支払う。新会社は開業後26年で累積欠損金を解消する計画だった。ちなみに、国と地元は現行のニュータウン鉄道などの整備費の補助率（各18%）の約2倍の3分の1ずつに引き上げた。

これによって、プロジェクトは実現した。要は、国交省と千葉県の強いリーダーシップが機能したのだ。

空港アクセスを担っているという自覚

空港アクセスを運営している事業者に、「国の基幹空港の運用に不可欠なアクセスを担っている」との自覚があれば、十分なサービスが提供されることだろう。だが、筆者はかつて、「そのような自覚があるのか？」と疑いたくなる事象に直面したことがある。

数年前、京成本線の国府台《こうのだい》～市川真間《いちかわまま》間で架線トラブルがあった。トラブルの発生は11時53分。筆者が都営地下鉄新宿線から乗り換えて京成八幡に着いたのは12時50分だった。JRへの乗り換えも考えたが、電車は運転を再開しており、駅員に確認すると「平常ダイヤへの復旧を始めているので、とりあえず来る電車に乗ってください」という案内だったので、津田沼行きの快速電車に乗った。

ところが、電車は13時25分、京成津田沼駅に到着すると、そこで運転は終了し、運転区間が延長されることはなかった。以降、2本到着した電車はいずれも佐倉止まりで、案内放送では「成田空港までのお客様は14時03分発予定の特急までお待ちください。特急は今、日暮里駅を発車しました」と繰り返すばかり。途中の車両基地からの臨時電車の運転もない。遅れて到着した特急

（通常は20分間隔）の車内では、大きなスーツケースを持った多くの乗客が焦りの表情を見せていた。また、筆者の友人も都営地下鉄浅草線経由で青砥《あおと》から乗車したが、京成八幡から成田空港まで2時間を要していた。

京成電鉄は、京成高砂〜成田空港間の成田スカイアクセス線（当時、こちらの運転状況は不明）を重視しているのかも知れないが、本線経由で空港に向かう乗客も多い。空港、とりわけ国の基幹空港に乗り入れている事業者である以上、利用者が自社線のどのルートを経由して空港にアクセスしているのかを踏まえた上で、異常時の対応にあたって欲しいものである。それが、空港アクセスを担っている事業者の自覚というものではないだろうか。

真剣味が足りない空港バス

日本の空港アクセスには、まだ改善余地がある。特にリムジンバスは、日本の空港の主要アクセスになっているにもかかわらず、時間短縮への真剣味が足りない。

一例は2009年に開港した静岡空港だ。静岡駅からはタクシーで40分ほどかかるので、一般客の空港アクセスはバス輸送に頼っている。開港当時のアクセスバスの予定所要時間は、静岡駅から52分であったが、実際に静岡駅から乗ってみると、改善の必要な点が何カ所も目に付いた。

空港バスの乗り場は北口にあるのだが、バスは発車後、空港のある南側に向かわなければならないのだが、出発してすぐに渋滞に巻き込まれ、南側に出るだけで5～10分もかかる。空港バスは時間が命なのだから、乗り場は南口に整備すべきだ。

また、バスは東名高速道路の相良牧之原インターを出る付近の道路で5～6分をむだにしていた。空港はインターから左折方向にあるのだが、インター右側に設置された停留所（乗降客はほとんどいない）に寄るために、付近の道路を一周していたのだ。当時静岡県の「富士山静岡空港の魅力を高める有識者会議」の委員だった筆者の提言などでバス停をインター左側に移動させ、5～6分の時間は短縮できたのだが、それでも50分にしか縮まっていない。もっとも、当初のダイヤでは時間どおりに走ることは難しかったことからすればかなりの改善だが、地方空港で50分は長過ぎる。

新潟県や東京都では、2010年頃から、空港バスを優先通行させる信号制御システムを導入し、時間短縮を図っている。このシステムは、ルート上の信号機とバスの双方に装置を用意し、該当するバスが交差点に近づくと、青信号を長くしたり、赤信号を短くしたりして信号待ちの時間を減らす。静岡は、このシステムの導入と、静岡駅のバス停を南口に移すことで、少なくとも45分以内を目指すべきだ。

一方で、真剣に努力しているのが金沢駅と小松空港間を結ぶ北陸鉄道の空港バスだ。以前は、金沢駅を出発したバスはすべて、北の海岸線を通る北陸自動車道に入る前に、駅の南に位置する繁華街の香林坊や片町を経由するため、ラッシュ時には渋滞に巻き込まれ、飛行機に間に合わないのではないかとヒヤヒヤしていた。

ところが近年は、金沢駅西口から別途、駅の北側を通っている北陸道のインターチェンジに直行する「スーパー特急」を出しているので、急ぐ乗客は、渋滞に巻き込まれずに、約40分で空港に着くことができる。一方、市内を観光してから空港に向かう人は繁華街からそのままバスに乗れるので、ぎりぎりまで市内観光を楽しめる（所要時間約60分）。

バス会社の利権を優先し、利用者の利便性が削られているのが、山口宇部空港の空港バスだ。空港は山口市中心部から約33㎞も離れているのだが、並走するＪＲの鉄道は運転本数が少ない（第4章参照）ので、市内に向かう旅客は空港と山陽新幹線・山陽本線の新山口駅間を34分で結ぶほぼノンストップの特急バスを利用することになる。

この路線は、数年前までは中国ジェイアールバスと宇部市交通局が、空港と新山口駅を約34分で結ぶバスを１日９本（運賃は８９０円）、航空機のダイヤにあわせて共同運行しているだけだった。それでも山口は「自家用車県」で、地元の利用者はほとんどがマイカーを利用するため乗車率は低く、筆者も10回以上利用したが乗車率が8割を超えることはなかった。

山口市内の湯田温泉・県庁・山口駅方面に行くには、新山口駅で防長交通の市内路線バスに乗り換えるのだが、空港バスは駅北口の防長バスの発着場を使えないため、駅前ロータリーを4分の3周して離れた停留所に止まる。ダイヤもまったく調整されておらず、ひどい時には数十分も待たされることがあった。

利用者無視の姿勢がひどいと、筆者も小著や雑誌などに書いたことがある。それが効いたのか、2013年には中国ジェイアールバスと防長交通が空港〜新山口駅〜湯田温泉〜県庁〜山口駅の直通バスを1日6本運行するようになった。山口駅までは59分、1540円なので運賃は変わらないが、途中の待ち時間がなくなったことで、時間的負担はかなり改善された。

そもそもの乗車率が高くなかったので、新山口駅行きの車両をそのまま山口駅まで延長運転するものとばかり思っていたが、驚くことに空港からほぼ同じ時刻（5分差）に、新山口駅行き（宇部市交通局バス）と新山口駅経由の山口駅行き（中国ジェイアールバス・防長バスの共同運行）が別々に出発するのだ。筆者は湯田温泉に行くので後者を選んだが、車両は新たに調達されたようで立派で快適なのに乗客はわずか6名だった。

さらに驚いたのは、走るルートだ。筆者が乗った山口駅行きバスは5分先行する新山口駅行きバスを追って、高速道路を途中で降りて一般道を走り、新山口駅の新幹線口に寄った。もちろん誰も降りないのだが、途中の停留所は降車専用なので乗車する客はいない。運転手も乗降客の利用をまったく期待していないようで、型通り駅前ロータリーを一周して、再び街路に出た。バスは次のインターチェンジから元の高速道路に戻って走行を続けたが、これによる時間のロスはおよそ10分。そのまま直行していれば、湯田温泉・山口駅までの所要時間を10分ほどは短縮できる。

山口市や防長交通としては、宇部市交通局バスに山口市内の路線を運行させるわけにはいかないとして、このような運行形態に落ち着いたのだろうが、これでは運賃は下げられないどころか、路線の継続さえ心配だ。3社で共同運行し、バス会社の方で収入を分配すれば良いではないか。そうすれば運転本数も増やせる。

利用者の利便性よりも事業者の権益が優先されるのは、困ったものだ。時間短縮と利便性の向上で、利用者の増加を目指して欲しい。

「自宅から搭乗まで30分」のシンガポール

アクセス交通が充実している国の代表例がシンガポールだ。世界有数の観光国であるとともに、国の政策として運輸の充実に力を入れてきた。

2002年からチャンギ国際空港にも乗り入れている軌道系MRT

原点は「シンガポール建国の父」と称されるリー・クアンユー元首相の哲学にある。「島国にとって、港と空港は国の発展を左右する」として、アジア有数の港湾と空港を整備し、世界のヒトとモノの流れを積極的に取り込み、観光客を積極的に誘致してきた。それは、「シンガポールが独立と存在意義を保つには、アジアの中でヒトとモノが行き交うハブになることが必要」との認識による。シンガポールがアジアと世界のハブの位置を確保しなければ、港湾も、空港も、航空会社も、存在理由がないとまで言い切っており、積極的に投資を続けているのだ。同時に、国全体の美化を進めることで「ガーデン・シティ」のキャッチフレーズを掲げ、美しい国土を資源に世界中から観光客を集めている。

シンガポール政府はチャンギ国際空港のアクセスの

シンガポールを象徴するリゾートホテル「マリーナベイ・サンズ」

整備目標を、自宅から航空機の搭乗まで、または航空機を降りてから自宅に戻るまで「30分」としている。空港の入国手続きが終われば、すぐさま地下鉄やバスに乗れるし、２００２年には市内を縦横無尽に走っている軌道系ＭＲＴが空港にも乗り入れ、それまでバスに頼っていた市内とのアクセスは格段に向上した。30分という目標には及ばずとも、当局は、航空機が着陸してから34分以内に入国手続き（審査・検疫・税関）を終えると公言している。しかも、空港から市内主要地域に20分で到着できる。「簡便な空港アクセス」が単なるスローガンにとどまっていないのだからすごい。それに比べて、日本の入国には時間がかかる。成田で見られる入国審査のための長蛇の列は、閉鎖的な日本の姿勢を如実に表しているようだ。

空港施設も、「旅客の快適さを維持するために、余裕のあるうちに次の施設を整備するのが基本」(チャンギ空港グループ広報担当者)と、先手、先手で整備する。ターミナルビルも、LCC向けのターミナルが2006年に、FSC向けの第3ターミナルが2008年に完成。取扱能力は年間6600万人で、2014年の実績は5400万人なのだが、すでに第4ターミナルの建設を進めている。2017年に1600万人の対応能力を備える第4ターミナルが完成すると、チャンギ空港の旅客処理能力は8200万人になるが、さらに2025年までに、5000万人の取扱能力を有する第5ターミナルと第3滑走路の整備計画も決定している。第5ターミナルの取扱能力は年間7000万人まで拡張できるので、空港全体の旅客処理能力は最終的に年間1億5000万人になると言う。

感心するのは、ターミナル間の移動に「チャンギ空港スカイトレイン」が、すべてのターミナルを回る形で整備されていることで、運転間隔は何と1~2分だ。もちろん、スカイトレインは新しい第4ターミナルにも寄る。

興味深いことは、第5ターミナルの建設計画を発表したのが、空港会社のトップではなく、首相だったことだ。リー・クワンユーの息子のリー・シェンロン首相が、2013年8月18日の独立記念日(同9日)に関する演説で発表したもので、いかに国が空港に関心を持っているかを表している。

低すぎる日本の目標タイム

シンガポールの空港アクセスの目標タイム「30分」に比べて、日本の目標はあまりにも低い。日本の地方空港のアクセス時間が長くなったのは、空港の容量が限界になって拡張する際、とてつもない郊外に移転させられるケースがほとんどだからだ。空港が一種の「迷惑施設」と受け止められているからだろう。

ここで「日本の」と書いたのは、海外での空港の位置づけはそうではないからだ。1999年にアメリカのジョージア州にあるハーツフィールド・ジャクソン・アトランタ国際空港を取材した時、「空港」と「地域社会」の関係に大きな違いがあることに気づかされた。

長年、アトランタ空港は発着便数や利用者数の多さから「世界で最も忙しい空港」と言われており、取材当時は拡張計画が検討されていた。3000m級滑走路が4本あるが、四方を高速道路に囲まれ、用地は簡単に拡張できない状況にあったので、5本目の滑走路を高速道路の外側に建設すると言う。

筆者が驚いて「日本では、市内にある空港の容量が一杯になると郊外に移転するのが一般的だ」と言うと、空港会社のスタッフが逆に驚いた。「なぜ我々が出ていかなければならないんだ。我々はジョージアでもトップクラスの規模の企業だ。納税や雇用でも、地元に大きく貢献している。第一、

2007年3月に開業した仙台空港鉄道仙台空港駅

空港が遠くなれば皆が不便になるし、今まで投資してきた設備がもったいないじゃないか」と。

その後に見せてもらった豊富な企業説明のパンフレットと、説明を聞いて感心した。アトランタ空港の現状の事業内容、いかに地域の経済・社会に大きく貢献しているか、将来をどのように描いているのかを数字を駆使して、懇切ていねいに説明している。第三セクターでありながら官僚的でなく、粉骨砕身、理解を求めようという姿勢だが、同時に、地域への貢献にプライドも持っていた。

そして、2006年5月、空港のサイトには、高速道路を地下化して完成した第5滑走路の画像が公開された。もちろん、周辺住民の理解が得られたから実現したものである。「空港」と「地域社会」が共存している姿を見た思いだ。

日本国内の拠点空港で最も便利なのは福岡空港だ。所在地が福岡市の中心部から５ｋｍという好立地のため、アクセスの所要時間は地下鉄で博多駅から５分、天神から10分。都市空港の機能を最大限に発揮している。そして、近年便利になったのが仙台空港（市中心部まで直線距離で23㎞）と那覇空港（同５㎞）で、空港から仙台駅まで快速で17分、県庁前駅までは那覇都市モノレールで12分だ。

海外でも、距離の近さを活かしている空港は利用者の評判が良い。ドイツのフランクフルト空港はフランクフルト中央駅まで約10分、オランダ・アムステルダムのスキポール空港はアムステルダム中央駅まで約15分で到達できる。オーストラリアのシドニー国際空港も中央駅など、中心部の駅まで乗り換えなしで20～30分だ。

空港の建設後に改善されたケースも多い。たとえば、イギリス最大のヒースロー空港へは、従来、高速道路か既存の地下鉄で市内から45分も要していたが、１９９８年に開通したヒースロー・エクスプレスでロンドン市内のパディントン駅からターミナル１～３まで16分、ターミナル５まで20分になった。また、都心から10㎞のロンドン・シティ空港も、かつては船で40分、鉄道とバスで１時間30分を要していたが、新交通システムＤＬＲの開業で、バンクまで25分に短縮された。パリのシャルル・ド・ゴール空港は、地下鉄のＲＥＲがパリの北駅まで31分で走っているが、フランス国鉄などがパリ東駅とノンストップ15分で結ぶＣＤＧエクスプレスの運転を２０１

6年に始める計画だ。

ところで、アクセス時間の長さで評判が良くなかった成田空港も、成田スカイアクセス線の開業でかなり改善された。「都心から成田空港まで最短36分」のキャッチフレーズはインパクトがあり、成田空港へのアクセスを一挙に解決するかのような印象を与えるのだが、問題は東京側のターミナルが日暮里・京成上野駅にとどまっていることだ。日暮里には山手線と京浜東北線が通っているが、東京、新橋、新宿、渋谷のような中心駅ではなく、交通の要衝とは言い難い。また、京成上野〜日暮里間はカーブが多く、いくら高性能の車両を導入しても5分の所要時間をほとんど縮められないし、京成上野ではＪＲ・地下鉄線との乗り換えが不便だ。

似たような状況で利用者の不満を解消できていないのが、浜松町にターミナルを持つ東京モノレールだ。たとえば、羽田空港から銀座4丁目まで行くのに、浜松町駅でＪＲ、新橋駅で地下鉄銀座線を乗り継いで約35分だが、エレベーターやエスカレーターの設置が遅れている浜松町駅と新橋駅で重い荷物を持って多くの階段を上り下りする気にはならない。また、東京駅までもＪＲ経由ならば約30分で行けるのだが、至便という印象はない。さらに浜松町駅は、新宿・渋谷方面からのアクセスが悪いこと、高架での乗り換えが必要なことが日暮里駅と共通している。首都圏在住者は新宿・渋谷方面だけではないのだが、東京西部の人口の多さを考えれば、新宿をないがしろにするわけにはいかない。

「山手線駅から36分」は大きな前進ではあるが、現状に満足せず、首都圏空港の鉄道アクセスは「乗り換え」なしで都心まで30分、地方空港は20分を目標タイムにして欲しい。

2　増える鉄道系のアクセス

(1)競争力回復に期待の東京モノレール

沖合展開で延びた所要時間

羽田空港の鉄道系アクセスと言えば、まず頭に浮かぶのは東京モノレールだろう。モノレールは、公共交通機関としてはマイナーなイメージだが、羽田では東京モノレールが昔から重要なアクセス手段として活躍している。１９６４年10月に開催された東京オリンピックに向け、羽田空港を利用する旅客をスムーズに運ぶ目的で、浜松町と羽田空港を結ぶ13・１㎞に急きょ建設され、１９６４年９月17日に開業した。当時は途中に駅はなく、ノンストップで所要時間は15分だった。

システムと車両の製造を請け負う日立製作所、首都圏への進出を目指した名古屋鉄道などが出資する大和観光が、運営事業者に指名された（その後に社名を日本高架電鉄に変更）。

路線免許は１９６１年に新橋〜羽田空港間で取得し、途中駅に芝浦海岸通り、東品川４丁目、新浜川崎、平和島の4駅を設け、1日11万人の利用を見込んだ。当初は新橋駅と直結する計画だったが、新橋〜浜松町間の用地確保にメドが立たないことから路線を浜松町〜空港間に短縮し、途中も用地買収の必要がない運河などの上空を利用することで、着工から約1年4カ月という驚異的な工事期間で完成した。

だが、先送りされた課題が、その後の経営に大きな影を落とすこととなる。ひとつが集客だ。極力買収の必要がない用地に建設したことで工期は短縮できたが、沿線にオフィスや住居、繁華街はほとんどなく、また都心側のターミナルが浜松町にとどまったことで、空港利用客以外の集客は困難を極めた。もうひとつは運賃の高さだ。本来、モノレールのメリットは、建設に必要な用地が少ないので一般の鉄道よりも安く作れることにあるが、東京モノレールの場合は、地盤が軟弱だった2カ所のトンネルの掘削と昼夜の突貫工事の影響で建設費が5割増しになった。国鉄の初乗り運賃が20円、ラーメンが30円で食べられた時代に、片道250円、往復450円の運賃はあまりにも高すぎた。

オリンピックが終わると利用は低迷し、翌年には乗車率20%、1日の利用が1万人にも満たない状況が続いた。そこで、空港以外の利用客を増やすため、1965年に大井競馬場前駅、1967年に羽田整備場駅（現：整備場駅）を設けた。また、1966年には運賃を40%引き下げた

モノレール浜松町駅ホームと1000形車両

ものの、目立った効果は表れず、累積赤字が増すばかりだった。

　その後、並行して走る首都高速道路の渋滞が目立ち始め、リムジンバスやタクシーの利用客が搭乗機の出発に間に合わない事態が頻発するようになり、モノレールの定時性が見直され始めた。それでも採算に必要な集客ができず、相次ぐ新駅の設置などで設備投資も嵩み、財政基盤は安定しなかった。この間、出資者も変わり、１９６７年には日立運輸、西部日立運輸と東京モノレールが合併して、社名も日立運輸東京モノレールになったが、１９８１年には日立運輸の１００％出資になり、社名は東京モノレールに落ち着いた。

　１９９３年に羽田空港の旅客ターミナルが沖合に移転したことで、モノレール浜松町駅から羽田空港駅までの距離は16・9㎞となり、所要時間は17分から23分に延びてしまった。以前の羽田空港駅と新ターミナルを地下の直線で結べば、所要時間はここまで延びなかったのだが、京浜急行電鉄の予定線路と並行する路線では免許が下りなかったのと、建設費の高い地下工事を避けて空港島の端を迂回する地上ルートを採用したので所要時間に大きな影響が出た。

それでも鉄道系アクセスは東京モノレールだけだったので、1997年には年間利用者が約6521万人に達するほどの盛況ぶりだった。ピーク時には乗客をさばき切れなくなり、増発を重ねたが、モノレール浜松町駅の構造が1線2ホームであるため、運転間隔は現在の3分20秒が限界で、朝のラッシュ時には1時間当たり18本、日中は15本（平均4分間隔）の運転にとどまった。

しかし、1998年に京浜急行電鉄が現在の国内線旅客ターミナルまでの延伸路線を開業すると、事態は一変する。年間1000万人以上の利用者が京急空港線に移り、1999年度の利用者数は5391万人と、前年比で14％も減少した（京急空港線は1456万人）。その後も低落傾向が続き、2003年には4670万人まで落ち込み、ピーク時には60％もあったシェアも約30％にまで退歩している。

2002年にJR東日本のグループ企業（株式の70％を保有）になってからは、利便性を高めるための改善を積極的に行った。2002年にはJR浜松町駅との連絡口を設けるとともに、J

Rは京浜東北線の快速列車を浜松町駅に停車させて接続の向上を図った。また、JR東日本のSuicaカードの導入や、山手線各駅への割安きっぷの販売を始め、2003年には土・休日にモノレール浜松町と羽田空港を19分で結ぶ「快速」の運転を本格的に開始した。

2004年には第2旅客ターミナルの開業にあわせて線路をU字型に延長し、新ターミナルビルの地下に乗り入れた。同時に、平日もラッシュ時以外に「快速」の運転を始めたことから、利用者数は上昇に転じ、年間の利用者数は4652万人（2005年度）～4766万人（2007年度）辺りで落ち着いてきた。全体の30％（2011年度）が定期券利用であり、空港の敷地内にある航空会社の整備・運航施設のスタッフらが多く利用しているようだ。

2007年には待望の待避線が昭和島駅に完成したことから、「空港快速」の運転を開始。2010年の国際線旅客ターミナルの供用開始にあたっては軌道を0・9㎞の区間をルート変更し、羽田空港国際線ビル駅を新設した。空港快速だと、モノレール浜松町から国際線ビル駅まで13分、第1ビル駅まで17分、終点の第2ビル駅へは19分で着く。国際線旅客ターミナルは空港島の入り口に位置するので、時間的に優位だ。そして、2014年には17年ぶりの新型車両である1000形の導入が始まった。

現在の同社の輸送力（平日）は、1日当たり約31万人、ピーク時1時間当たり片道1万512

人だ。さまざまな改善を重ねながら、所要時間の短縮や利便性の向上を試みているが、現有施設の制約は大きく、利用者の大幅増加に結びついていないのは残念だ。

期待される2つの整備計画

鉄道の大量輸送力を発揮する京急に対して、なかなか劣勢を挽回できない東京モノレールだが、新たな可能性が出てきた。モノレール浜松町駅の拡張と路線の延伸計画だ。

現在、輸送力増強に向けて最大のネックとなっているのが、モノレール浜松町駅の狭小な施設である。発着線が1線しかないため、列車の折り返しに手間取り、1時間当たりの運転本数の限界は18本になっている。

モノレール浜松町駅の拡張計画は、発着線を2線に増やすとともに、新橋方に引き上げ線を設置するというもの。到着した列車は乗客を降ろすと直ちに引き上げ線に入り、折り返し出発の準備を整える。そして、出発ホームの線路が空き次第、入線して乗客が乗車する。これによって運転間隔を3分20秒から2分30秒に短縮でき、1時間当たり24本までの増発が可能になる。総事業費は約260億円、建設期間は約6年半が見込まれている。

計画は動き出していないが、その後に隣接する世界貿易センタービルディングの建て替え計画が浮上し、2012年に同社と東京モノレール、JR東日本の3社により、東京都に対して「浜松町二丁目4地区」の再開発計画が提案されている。

一方、延伸計画は2002年1月にJR東日本が発表したもので、現在のモノレール浜松町駅をJR線の東側に移設・拡張するとともに、路線を新橋まで伸ばし、ゆりかもめの駅付近に乗り入れるという内容だった

そして、2014年8月には、東京モノレール自体が東京駅までの延伸計画を発表した。JR東日本の線路の西側沿いに高さ20mの路線を建設し、東京駅まで3㎞を延伸する計画で、東京駅では東海道線（在来線）の上にホームを作る。完成すれば、東京駅から羽田空港国際線ビル駅まで18分、羽田空港第2ビル駅まで23分で結び、利用者数は現在の1日約5万人から8・4万人に増えるという。工期は10年で、総事業費は約1095億円を見込んでいる。

しかし、その実現は簡単なことではなさそうだ。JR東日本は東京モノレールの発表の前日、東京駅と羽田空港を18分で結ぶ「羽田空港アクセス線」の建設計画を発表した。これが具体化に向けて動き出せば、モノレールの東京駅延伸計画は凍結されるだろう。

だが、モノレールの競争力を増すためには新橋までの延伸は必要だ。その先の区間はJRとの並行は避け、国際色豊かな街だが鉄道系の輸送機関が少ない六本木を経由するルートを検討する

のが得策ではないかと考える。

(2) 羽田アクセスの主役に躍り出た京浜急行電鉄

難工事でターミナルに乗り入れ

今や、羽田空港の鉄道アクセスの主役は京浜急行電鉄になった感がある。同社が羽田空港に乗り入れたのは、東京モノレールから遅れること34年後の1998年だったが、跨座式構造の制約で車内が狭いモノレールと違って大型の荷物でも持ち込みやすいことと、横浜方面を含めた京急全線、都営地下鉄浅草線、京成電鉄までつながる広域鉄道ネットワークが強みになっているからだ。加えて、ボトルネックになっていた京急蒲田駅を高架化したことによって、京急空港線の施設は格段に充実した。

当初の所要時間はモノレールと大差がなかったが、所要時間の短縮、直通列車の増発で利便性は高まり、モノレールの利用者が伸び悩みの傾向にあるのに対して、京急の利用客は急速に伸びている。2013年度の羽田空港アクセスにおける鉄道利用者のうち、京急利用者は58%、東京モノレール利用者は42%(『週刊東洋経済』2015年5月16日号)と差を広げている。

京急空港線は1902年に敷設された連絡鉄道で、穴守線と呼ばれていた。当初は海老取川の手前でとどまっていたが、１９１３年に穴守稲荷神社付近まで延伸したことで参詣客が利用するようになり、また海岸線にある立地から、春秋には潮干狩り、夏場には海水浴にも利用された。ところが終戦後、羽田飛行場がアメリカ軍に接収されたことで稲荷橋～穴守間は営業休止を余儀なくされ、飛行場の敷地に接する稲荷橋駅を羽田空港駅と改称した。１９５２年、羽田飛行場は日本に返還され、首都圏の拠点航空の役割を担うこととなり、「東京国際空港」と命名された。

戦後の復興とともに航空旅客がうなぎ登りに増え、ターミナルビルは急速に拡張されたが、当時の旅客は専ら蒲田駅からのバス輸送に頼っており、京急を利用していたのは、マニアに近い一部の旅客と空港西側に展開する整備地区などに勤務する航空関係者だけだった。１９７８年に国際線（台湾の中華航空を除く）が成田に転出して国内専用空港となったが、航空旅客はますます増加。交通渋滞も激しくなって、京急沿線からのバス輸送だけでは対応しきれなくなる。

１９８４年から空港自体を沖合に移転する工事が始まり、旅客ターミナルもすべて沖合の埋め立て地に新築されることになった。京浜急行電鉄は空港線を新ターミナルビルまで延長することを決定したが、工事は埋立地特有のマヨネーズ地質と呼ばれた軟弱な地盤に苦しめられ、天空橋～羽田空港（現：羽田空港国内線ターミナル駅）間３・２㎞の地下線路に長い歳月と４５９億円もの工費がかかった。しかし、１９９８年11月のこの延伸によって空港線が脚光を浴びるように

羽田空港アクセスの主役となった京浜急行電鉄

なった。平日ダイヤ上下280本の内、約4割にあたる上下115本を、都営地下鉄浅草線から直通で運転した。鉄道が東京都心部から直接乗り入れたことで、旅客の利便性は格段に高まった。

羽田空港国内線ターミナル駅は第1旅客ターミナル（JAL系）と第2旅客ターミナル（ANA系）を跨がる形でホームが配置されていることから、すべての国内線旅客が利用できる。

1999年のダイヤ改正では、直通列車を91本増やし、直通率は77%にまで高まった。あわせて、横浜方面からの直通列車を初めて早朝に2本設定した。ちなみに開業時に1日平均3万5000人だった利用者は、1999年度には4万人に増加した。

2002年には施設の改良工事が完成し、横浜方面からの直通列車を1日56本に拡大。2003年には品川～羽田空港国内線ターミナル間の快速特急の所要時間を14分に短縮し、２００４年の第２旅客ターミナルの開業にあわせて特快と急行を増発した。その甲斐もあって、２００５年度の利用者数は７万人に達した。

２０１０年の国際線旅客ターミナルの開業にあわせて、羽田空港（現：羽田空港国内線ターミナル）駅と天空橋駅間に羽田空港国際線ターミナル駅を建設した。京急は国際線旅客ターミナルの直下を走っており、ルートを変えることなく新駅を建設できた。特に重い荷物を持って移動する国際線旅客の利便を考えて、エレベーターやエスカレーターを多数配置し、到着フロアからカートのまま地下２階のホームまで行けるようにした。エレベーターは通常の駅に設置している11人乗りではなく、大型の30人乗りで下りホームに４基、上りホームに３基設置した。

こちらも難工事で、費用は約１５０億円を要した。２００６年４月に着工されたが、地上では大規模ターミナルビルの建設、地下では毎日数百本の電車が通過するトンネル際での工事になったからだ。

大増強を可能にした京急蒲田駅の大改造

空港線の機能を大幅に増強できたのは、本線からの分岐点となる京急蒲田駅の改造によるとこ

高架化・重層化工事が完成した京急蒲田駅付近

ろが大きい。京浜急行電鉄は航空旅客の期待に応えて、直通運転の本数を増やしたり、所要時間の短い特急・急行の運転を増やしたりしてきたが、ネックは京急蒲田駅付近の脆弱な施設だった。

空港線内は複線化されているものの、肝心の京急蒲田駅への進入部分が単線であり、空港線のすべての発着は東側のホーム1本に限られていたからだ。そのため、品川方面から空港線に入る列車も、空港線から品川方面へ向かう列車も同じ1番線ホームを使用するだけでなく、横浜方面への直通列車はこのホームで列車の向きを転換することになる。また、空港からの上り列車は本線に入るため、下り本線を平面で横切る形になり、横浜方面から空港に向かう列車も空港線のホームに入るために下り本線を横切るので、運転本数は限界に達していた。

そこで、本線の平和島～六郷土手間と空港線の京急蒲田～大鳥居間を高架化して、空港線を全線で複線化することにした。駅は高架の2層に分けられ、3階層は本線の下りと空港線の空港から横浜方面に向かう列車、2階層は本線の上りと空港線の空港から品川・都心方面へ向かう列車が使用している。また、本線には縦方向に6両編成用の待避線（113m）が設けられたため、ホーム長は本線の12両編成用（221m）とあわせて、新幹線並みの389mになっている。

この京急蒲田駅付近連続立体交差事業の総事業費は約1892億円にのぼったが、道路交通の渋滞緩和を目的に国道15号線や環状8号線の踏切28カ所を撤去する東京都の都市計画事業と連携したことで、京急の負担は約1割の189億円ほどで済んだ。

2012年度にすべてが完成し、品川方面との直通列車を6～7分（従来は10分）間隔に、横浜方面との直通列車を10分（従来は日中のみ20分）間隔に縮めて、大幅な増発が可能になったので、空港線の輸送力は1時間当たり1万4000人に増え、2011年度の輸送実績は9万5159人に達した。

空港に引き上げ線を検討

現在の運行形態は、本線からの直通列車の乗り入れが基本だが、早朝、朝のラッシュ時、夜間には空港線内限定の普通列車も運転される。これまでさまざまな種別の優等列車が運転されたが、現在は次の4種類になっている。

◎エアポート快特＝航空旅客輸送に特化し、羽田空港と品川または成田空港間を最短時間で結ぶ。品川～羽田空港間の最優等（最速）列車で、途中は京急蒲田駅を通過して、羽田空港国際線ターミナル駅だけに停車する。品川からの所要時間は、国際線旅客ターミナルまで11分、国内線旅客ターミナルまで14分。運転は40分間隔で、ほとんどの列車は成田スカイアクセスへの直通運転になっている。

◎快特＝品川～羽田空港間での途中停車駅は、京急蒲田駅と羽田空港国際線ターミナル駅。以前は早朝、夜間のみ運転されていたが、2012年からは日中を含めて10分または20分（エアポート快特が入る）間隔で運行。

◎特急＝本線では特急運転だが、空港線内では各駅に停車する。

◎エアポート急行＝主に横浜方面の直通列車として運転され、空港線内では各駅に停車する。平日の夕方、夜間など一部の時間帯で都営浅草線の直通列車あり。

京急は大規模投資を終えたばかりだが、2020年の東京五輪に向けて、品川駅の改良と、羽田空港国際線ターミナル駅に引き上げ線の新設を検討している。品川駅の改良は、現在のホーム

2面3線を2面4線に拡張するもので、完成すれば羽田空港行き専用列車のホームが確保される。また、引き上げ線は2面あるホームの奥に整備するもので、到着した列車を引き上げ線に送り込んで出発準備を整えることによって、1時間当たり3本の列車を増発できるので、輸送能力も1時間当たり1万2000人から1万5000人にアップする。

また、京急が賢明なのは、航空旅客輸送にとどまらず、国際旅客への対応も進めていることだ。空港アクセス客の多い駅に外貨両替店や携帯電話のレンタル店を設置し、内外の旅行者への利便を図るとともに、多角化事業の収入拡大を目指している。

外貨両替は、大手のトラベレックスジャパンと提携し、京急はスペースを提供して、両替高から一定割合を手数料として受け取る。1号店は2011年1月に横浜駅近くの商業施設内に、2号店は同年7月に羽田空港国際線ターミナル駅3階に設置した。利用は日本人の出国客が圧倒的で、円を外貨に両替する利用が9割と、両替高は事前の予測を大幅に上回っている。自信を深めた京急は、羽田空港国際線ターミナル駅2階の到着階に、日本円に両替できる外国人向けの自動機械を設置した。7種の外貨に対応でき、書類を記入する必要がないので、きっぷを買うために急いでいる旅客に好評だ。

携帯電話のレンタル店は、羽田空港国際線ターミナル駅に設置したNTTドコモのカウンターで、訪日旅客には国内で使える機種、出国旅客には海外で使える機種を貸し出している。
空港アクセス鉄道の事業者には、旅行者に対してこのような利便を図る気配りも必要だ。

(3) 成田まで36分に短縮した京成電鉄

最高時速を160㎞に引き上げ

京成電鉄が成田空港のターミナルビルの地下駅に乗り入れたのは、開港13年後の1991年だった。京成社内では、京成本線経由で空港に達するこのルートを「Aルート」と呼び、現成田スカイアクセス線経由の路線計画を「Bルート」として本命視していた。前述のように、Bルートは2000年の「羽田国際化」絡みの協議によって具体化し、実現に向けて動き出した。

具体的には、千葉県の北西部を東西に走る北総線（京成高砂〜小室間）と千葉ニュータウン鉄道（小室〜印旛日本医大間）の終点になっている印旛日本医大から土屋（接続点）までの10・7㎞を延長し、成田新幹線として建設された成田高速鉄道の路盤につなげた。ただし、土屋〜空港間の複線線路はすでに京成とJRが1本ずつ分けて使用しており、全線での複線はできない。

そこで、土屋近くに新設される成田湯川〜空港間は単線運転にとどめ、成田湯川〜印旛日本医大間を複線で建設することによって、日暮里〜京成高砂（京成電鉄）、京成高砂〜印旛日本医大

（北総鉄道・千葉ニュータウン鉄道）、印旛日本医大～土屋（成田高速鉄道アクセス）、土屋～成田空港（成田空港高速鉄道）が1本の線路でつながり、成田空港から日暮里や京成上野までのアクセス鉄道が完成した。

京成高砂～印旛日本医大間には待避施設を設けるとともに、最高時速を160km（北総線内130km）に引き上げるための線路改良と電力施設の増強を行った。また、空港内での施設不足を補うため、途中の空港第2ビル駅と終点の成田空港駅のホームを改良。空港第2ビル駅の京成側ホームでは壁を壊して新たな構造物を作り、もう1本線路を通すことで、線路を上りと下りに分けて行き違いができるようにした。また、成田空港駅では「スカイライナー」専用ホームを1線新設し、京成だけで2面3線を確保した。

寛斎デザインの新型車両

成田新高速鉄道は2010年7月に開業し、成田スカイアクセス線と命名された。「スカイライナー」とアクセス特急を新線に移し、1時間にあわせて3・5本ずつ運行。「スカイライナー」の特急料金は1230円だが、最速速度は時速160km（在来線の最高速度）で、日暮里～空港第2ビル駅間を最短36分で走るようになった。ちなみに、一般車両を使用するアクセス特急は運賃の

日暮里駅に到着した京成スカイライナー

みで乗れるが、最高速度は時速１２０㎞で、停車駅も多いため、所要時間は59分を要する。

既存の本線経由でも1時間に3本の直通の特急を運転するが、同区間の所要時間は1時間12分もかかる。なお、早朝の上り、夕方以降の下りの専用特急は、「スカイライナー」の車両を使い、通勤にも使えるよう「モーニングライナー」「イブニングライナー」として本線経由で運転し、途中の青砥、八千代台、京成佐倉、京成成田にも停車する。

新しい「スカイライナー」の車両はファッションデザイナーの山本寛斎氏がデザイン・プロデュースしたもので、速さを象徴する「風」をモチーフに、スピード感あふれる流線形のフォルムになっている。1編成8両で定員は３９８人。座席は自動回転式リクライニングシートを用い、シートピッチを１０５０㎜、座面幅を470㎜に広げ、乗降口は車イスでも乗り降りできるよう幅1000㎜を確保した。5号車に車イスでも利用できる大型の多目的トイレを設置し、4号車に自動販売機とカウンターを備えたサービスコーナーを設けている。車内のデザインコンセプトは「凛」で、ビジネスユースにも対応する機能的デザインでまとめられている。

新線の開業にあわせて、日暮里駅も3層構造の新駅に衣替えした。1階は上りホーム、2階はコンコース、3階は下りホームだが、線路を挟んで相対式（片側）の2面で、JR側は一般列車、対面は「スカイライナー」の専用ホームだ。

なお、成田空港～羽田空港国内線ターミナル間には、京成（アクセス線）、都営地下鉄、京急の3社の線路を直通運転する「エアポート快特」が走っている。車両は一般車両で、途中は特急並みに停車し、同区間を最速1時間43分で結ぶ。

（4）中部国際空港に乗り入れる名古屋鉄道の「ミュースカイ」

本格的な国際空港のセントレア

中部国際空港（セントレア）は、手狭になった旧名古屋空港（現：県営名古屋飛行場）に代わる中部圏の国際空港として、2005年の愛知万博開催にあわせて開港した。首都圏、関西圏に次ぐ、我が国3番目の本格的な国際空港である。

旧名古屋空港は内陸にあり、滑走路の長さが2740mしかないのでジャンボ機が燃料を満タンにして離陸することができず、アメリカ東海岸や欧州までノンストップで飛べないこと、乗降客数が1000万人を超えることなどで、施設の狭小化が問題になっていた。さらに、自衛隊と共用しているため、運用に制限が多いことも足かせとなっていた。

新空港は、名古屋市の南約35㎞の伊勢湾東部の常滑《とこなめ》沖の海面を埋め立てた海上空港で、総面積約580ヘクタールの空港島と、対岸に作られた約123ヘクタールの前島で構成されている。3500m滑走路1本と、年間1700万人の旅客が利用できる延床面積22万㎡のターミナルビルを有し、海上空港のため離着陸は24時間いつでも可能だ。

旅客ターミナルビルは東西約500m、南北約1030mのT字型で、施設の要になる4階建ての本館と滑走路側に突き出したセンターピア、本館から左右に伸びたウイングの乗降施設で構成される。本館は、1階部分に空港関連施設、2階が到着フロア、3階が出発フロアで、4階に商業施設が配置され、到着も出発も動線は同じフロアで完了するため、上下階の移動の煩わしさがなく迷うこともない。

逆T字型のスポットの配置は乗客の歩行距離を短くすることに役立っており、チェックインカウンターから搭乗ゲートまでの実歩行距離は300m以内に収められた。海に向かって左側の南ウイングに国際線のスポット、右側の北ウイングに国内線のスポットが配置され、旅客の動線が短くなるよう施設を整えた結果、国内線同士の乗り継ぎは20分以内、国際線同士は60分以内、国内線から国際線への乗り継ぎは75分以内でできる。乗継時間の短さはセントレアの特長で、国内線から国際線（または逆）の乗り継ぎをセールスポイントに「内際ハブ」のメリットをアピールすることで、他空港との競争力を発揮したいとの意図が込められている。

中部国際空港の建設にあたっては、「関空の二の舞」を避けるため、政府からPFI（民間活力を活かした社会資本整備）の適用第1号のプロジェクトと位置づけられ、組織としても当初から民間企業色を鮮明に打ち出した。公団方式で建設された成田、特殊法人の株式会社である関空に比べ、資本、人員構成ともに民間の比重が高いのが特徴だ。

セントレアの完成によって、名古屋空港からは基本的に国内線を含むすべての便が新空港に移転したが、JALグループの地域航空会社ジェイエアは名古屋空港にとどまり、その路線を引き継いだフジドリームエアラインズも旧空港を拠点にしている。

開港初年度の2005年は愛知万博効果もあって、乗降客数1235万人（国際線532万人、国内線702万人）に達したほか、見学の来場者が1816万人も押し寄せたが、その後は凋落傾向になっているのが問題だ。国際線は、成田・羽田の空港容量拡大で、就航便が首都圏にシフトし、中部発着便が減ったことと、JALが経営再建のために中部地区の路線を大幅に縮小したこと、国内線では例外扱いの名古屋空港発着便（フジドリーム便）が拡大していることが響いている。それに伴って、「内際ハブ」効果も有効に発揮できていない。2011年度は航空利用者が889万人、見学者が1083万人にまで落ち込んだ。

だが、2012年から反転の兆しが見え、2014年は国際線とLCCの新規就航が増えたこともあって、航空旅客数が990万人（国際線450万人、国内線540万人）、見学者が1103万人にまで回復してきている。2016年春にはLCCのエアアジア・ジャパンがセントレアを拠点に新規就航するので、LCCターミナルの建設にも弾みがつくものと見られる。

将来構想では、空港島を約200ヘクタール拡張し、沖合300mに3500mの平行滑走路を建設する計画で、地元では現在、具体化に向けて動き出している。

岐阜・犬山まで運転区間を拡大

アクセス鉄道は、名鉄常滑線の終点の常滑駅と中部国際空港駅との間に第三セクターの中部国際空港連絡鉄道㈱が708億円の事業費で連絡線を建設し、空港特急「ミュースカイ」が名鉄名

名鉄名古屋駅とセントレアを最速28分で結ぶ空港特急「ミュースカイ」(右)

古屋駅との間を最速28分で結んでいる。

中部国際空港駅のホームは旅客ターミナルビルの2階（到着階）と3階（出発階）の中間に設置されたので、到着客、出発客のどちらも短い歩行距離で利用できるのが特徴だ。

名鉄名古屋（空港線の開港とともに新名古屋駅の名称を変更）〜中部国際空港間で運行する全席特別車の特急「ミュースカイ」には、約60億円をかけて、私鉄で初めての車体傾斜制御機能を装備した2000系電車（11編成33両）を投入した。

開港直後から開催された愛知万博の効果もあって、セントレアは大変な賑わいになり、3両編成の「ミュースカイ」は満席の列車が続出。名古屋鉄道は1カ月後にダイヤを改正し、「ミュースカイ」の一部を6両編成に増強するとともに、15両を追加発注。現在は12編成48両を擁し、4両編成を基本として、一部の列車は2編成併結の8両編成で運転されている。

その後、「ミュースカイ」の運転区間は、名古屋本線の名鉄岐阜と、犬山線の新鵜沼《しんうぬま》、広見線《ひろみ》の新可児《しんかに》まで延長されている。名鉄名古屋駅はホームが少なく、列車を停車させるのが精一杯で、折り返し運転ができないという事情もある。また、名古屋駅の次に停車する金山駅を全面改装し、JRとの乗り継ぎを簡便にしたことで、混雑する名古屋駅を避けて金山で乗り換える客が増えており、ターミナルとしての金山駅の重要度も高まった。

「ミュースカイ」の良い点は、特急料金が均一で360円（乗り継ぎも可）と低料金であることだ。特急料金不要の一般特急も運行しているが、車両にはクロスシートが配してあるので、大きなトランクを携行している乗客に喜ばれている。

「ミュースカイ」の運転は、単に名鉄名古屋〜セントレア間のアクセス鉄道にとどまらず、名鉄全線の活性化に役立っていると言える。

（5）振るわない関空のアクセス鉄道

過大投資が足かせになった空港

関西国際空港は１９９４年に開港したが、運営面では低空飛行を続けている。原因は、市場の動向を無視した政策判断と、過大な投資にある。その後遺症が現在まで続いており、アクセス交通の足かせにもなっている。

関空は、１９６０年代から深刻化した伊丹空港の騒音公害を解決する切り札として計画されたが、経済の地盤沈下が目立つ関西圏に活力を呼び戻す起爆剤としての期待も加えられたことで、施設の規模が過大になった。１９７０年の大阪万博後のカンフル効果を関空に求め、地元自治体や関西経済界が関空に出資をしたのである。確かに、１９７０年代の日本には、まだ高度経済成長の余韻が残っており、そのうちに再び成長期に戻るとの過信があって強引な構想をゴリ押ししたと言えるが、投資額が半端ではなかった。筆者も、１９８０年代後半に関空会社の初代社長の講演を聞いたことがあるが、首都圏への対抗意識が強く、「成田を上回る日本一の空港を作る」との意気込みに、空港建設とは異なる違和感を覚えた。

一方、日本の空港整備は、東日本の東京と西日本の大阪に核となる拠点空港を整備する「二眼レフ」構想で進められていたが、成田の運用が軌道に乗ったことから、運輸省（当時）は１９８０年代から関西新空港の建設に本腰を入れ始めた。背景には、大阪万博終了後にヒトとモノの流れが再び首都圏に向かい始め、再び低迷してきた関西経済をテコ入れして欲しいという地元の要望に応える意向も働いていた。

だが、候補地に挙がった神戸沖（ほぼ現在の神戸空港の位置）は地元から反対され、建設が決まったのは、大阪湾の泉州沖5㎞、水深18ｍの海域だった。海底の地盤は、水分を多く含んだ粘土質からなる沖積層と、その下に広がる洪積層によって構成されているが、洪積層についてのデータが不足していた。

1期工事の建設費は8200億円と見積もられていたが、空港島を建設していくと、造成島の沈下が予想以上に大きく、3・5ｍをかさ上げするために、東京ドーム14杯分の1400万㎥もの土砂を追加投入しなければならなくなった。建設費は90・2％アップの1兆5600億円に膨れ上がり、15カ月にも及んだ工期の遅れが、空港会社の経営をさらに悪化させた。

わずか510ヘクタールの用地と、滑走路1本、ターミナルビル1棟の整備に1兆5000億円も投じたことについて、世界の空港関係者からは「クレイジー！」との声さえ上がった。ちなみに1995年、アメリカ・コロラド州に開港したデンバー国際空港は、山手線内側の面積の約2倍に相当する1万3400ヘクタールの用地の取得費と、滑走路6本、ターミナルビル1棟とコンコースビル1棟の建設費を含め、29億7000万ドル（当時の為替レートで約3850億円）でできたのである。

それでも、関空関係者の予想は楽観的だった。日本第二の経済圏である関西に、「成田を上回る立派な設備と、成田ではできない24時間運用の空港を作れば、航空会社は喜んで利用する」と考えていたからだ。

ところが、1970年代後半からアメリカで、1980年代後半から欧州で始まった航空自由化が、世界の航空会社の経営環境を一変させていた。激しい運賃競争に生き残るためには「コストの節約」が重要になったので、利用料の高い空港を敬遠するようになったのである。高騰した建設費の返済に充てるため、成田以上に高く設定された使用料金の原案は世界の航空会社から相手にされず、成田以下にまで値下げせざるを得なかった。だが、オフィスの賃貸料や商業施設のテナント料は引き下げられなかったので、関空のマクドナルドが販売するハンバーガーは世界一高い価格になった。

管理会社である関西国際空港㈱（関空会社）の事前の予測では、開港時の航空会社の利用は、1日当たり国内線70便、国際線90便だったが、実際にふたを開けてみると、国内線67便、国際線48便と大きく下回った。当初の経営見通しでは、開港から5年目で単年度黒字、9年目で配当を開始、23年で累積赤字を解消するという「5・9・23計画」だったが、1期工事で調達した借入金の利子の支払いが年間200億～300億円にも上り、この計画は露と消えた。

財政は火の車、需要も目標を下回る中で、大型公共投資の欲しい地元経済界は、2期工事の着工を国に強く求めた。国交省は、ターミナルビル建設の先送りなどで4500億円を削減し、用地造成に関する費用を8400億円に圧縮した案を作り、関西出身の2大臣（扇千景国交相と塩川正十郎財務相）の連携と「理解ある」裁断で、着工を無理やり認めた。

2期工事は2007年に完成したが、財政は一挙に悪化し、年間収入が1000億円程度の経営規模で、成田の2倍の規模となる1兆1000億円もの有利子負債を抱えることになった。利子の支払いだけで年間260億～270億円に達し、営業利益を食いつぶしてしまい、利用を促進するための使用料の値下げどころか、事実上、経営が成り立たなくなったのである。

多額の負債は、日本の空港整備会計をも圧迫する要因になり、関空会社の経営建て直しは、日本の空港政策の重要かつ急務の課題になった。国が打ち出したのが、負債が少なく、収入が順調な伊丹空港を吸収する経営統合で、関空会社から土地部門を切り離した新関西国際空港㈱（新関空会社）が2012年4月に発足し、7月には伊丹空港を管理する大阪国際空港ターミナル（OAT）を吸収した。

新関空会社の目的は、両空港を一体運営して合理化・効率化を進めるとともに、増収を図って経営を改善した上で、2015年度に事業運営権を期間45年間、2兆2000億円で民間に売却し（コンセッション）、1兆2000億円にのぼる借金を返済することだ。オリックスとフランスの空港運営会社ヴァンシ・エアポートの企業連合が二次入札に応じたことから、2016年3月末には完全民営化に移行する見通しだ。

一方、需要にはようやく明るさが見えてきた。潮目を変えたのは、アジアで急速に増えているLCCだ。2012年度から国内にもLCCが誕生し、ピーチ・アビエーションが関空を本拠地に選んだことから、空港会社はLCCの受け入れ態勢の整備を積極的に進め、専用ターミナルの運用も始めた。

その甲斐もあって、2012年から利用は急速に伸び始め、発着回数は国際線で前年度比11%、国内線で同41%増加して合計13万回（合計19%増）に、旅客数は、国際線で前年度比13%、国内線で同43%増加して1679万人（合計21%増）となった。国内線ではLCC効果で5年ぶりにプラスに転じ、国際線の2012年冬ダイヤにおけるLCCのシェアは18・9%に達した。

その後も事業の拡大は続いている。新関空会社の2015年3月期決算によると、関空の航空機発着回数は14・5万回（前年比9%増）で過去最高を記録。特に国際線の伸びが顕著で、乗入便数（130・4便／日）、航空旅客数（1351・9万人）ともに過去最高。国内線も乗入便数、航空旅客数とも伸びており、航空旅客数の合計は2004・4万人と14年ぶりに2000万人を突破した。業績も好調で、関空単体だけで売上高は1139億円（前年比14％増）に達し、328億円（同30％増）の営業利益を生み出した。さらに会社全体では、一昨年の秋に買収したOATグループの業績が通年で計上されたこともあり、売上高は1538億円（同21％増）、営業利益は443億円（同36％増）と経営成績を大きく伸ばしている。

「はるか」を奈良に乗り入れるべき

関空は構想段階から、鉄道系アクセスを引き込むことが決まっていたが、開港時から2線を開通させたのは、世界でも珍しい。JR西日本と南海電気鉄道が乗り入れる関西空港駅は2階にある改札口を出ると、左手にターミナルビルが広がっており、フロアを上下することなく、チェックイン、出国手続き、搭乗ができる。駅改札口から飛行機の搭乗口までの距離が短いことが特徴だ。

JR西日本は日根野駅で阪和線と分岐し、南海は泉佐野駅で本線から分岐して関空に乗り入れるが、両線とも対岸のりんくうタウン駅からは、関空会社（現・新関空会社）が建設し保有・管理する関西国際空港連絡橋を通って、ターミナルの地下ホームに滑り込む。両社は空港アクセス特急専用の新型車両を開発するなど、関空アクセスに力を入れてきたが、利用状況は今ひとつだ。

ちなみに、関空の莫大な建設費が連絡橋にも反映し、JR利用者は220円、南海利用者は23

関西国際空港と新大阪。京都などを結ぶJR西日本の特急「はるか」

0円もの利用料を徴収されている。

ＪＲ西日本の特急「はるか」は関空と京都を結ぶことを主眼としており、所要時間は天王寺から最速30分、新大阪から同48分、京都から同76分で、一部の列車は米原・草津始発で運転（米原から同2時間10分）しているが、大阪駅には停車しない。大阪駅の利用者は、特急券のいらない「関空快速」を利用（約68分）することになるが、車両は転換クロスシート、トイレ付の223系または225系を使用しているので、大きな荷物を持っていても安心だ。

当初は全車指定席にしたが、乗車率が高くないことから、4年後には一部を自由席にした。昨今では通勤客のニーズにも応え、朝の上り列車と夕方の下り列車を日根野と和泉府中に停車させている。それでも利用者はあまり増えず、2011年には6往復が臨時列車にされたため、定期列車は1日24往復だ。

特急料金（新大阪〜関空間の指定席1690円・自由席970円）が高いのか、「関空快速」が快適すぎるのだろうか。確かに、大阪駅に向かうのには「関空快速」の方が便利であり、京都に直行する観光客はそれほど多くはない。また、「はるか」にはアンラッキーなこともある。開業当初は、京都駅地下の京都シティエアターミナル（K-CAT）という施設で航空会社のチェックインを受け付け、荷物を「はるか」に載せて関空まで運んでいた。そのためのスペースと積み下ろし用の貨物室ドアが先頭車両に用意されている。しかし、2001年のアメリカでの同時多発テロ以降、アメリカ路線の保安ルールでチェックイン後の人・荷物を非制限エリアに持ち出すことが禁じられたため、運用は中止された。K-CATでチェックインを済ませば観光客は荷物から解放され、手ぶらでフライトまでの時間を楽しめていただけに残念だ。

今後、「はるか」の乗客を拡大するには、奈良エリアに乗り入れるべきだと思う。奈良行きの列車を増発するのも良いが、現行の「はるか」の乗車率が芳しくないことから、JR東日本が「成田エクスプレス」で行っているように、一部車両の増結・切り離しで十分だろう。天王寺で切り離し、関西本線を経由して、王寺、奈良まで走らせる。奈良は国内で数少ない空港空白県のひとつであり、観光客とビジネス客の両方の利用が期待できる。

関西国際空港と難波を結ぶ南海電気鉄道の特急「ラピート」

短距離ゆえに苦戦する「ラピート」

難波と関空を結ぶ南海電気鉄道の特急「ラピート」は、鉄人28号を連想させる鉄仮面風の先頭部、潜水艦のような楕円形の窓など、これまでの特急車両にはないデザインで異彩を放っている。車内のインテリアもしゃれていて、専用車両で500円（当時）の特急料金は安いと感じた。

しかし、運行形態は中途半端だった。1時間に2本で、1本はノンストップ（29分）の「ラピートα」、もう1本は途中の新今宮・堺・岸和田・泉佐野に停車し34分を要する「ラピートβ」だったが、所要時間の違いがほとんどなかった。

2種類の列車があっても運転本数が少ないため、乗客には選択肢がなく（「ラピートβ」を見送って「ラピートα」を待つ意味はない）、たまたま来る列

南海電気鉄道の関西空港駅改札口

車に乗ることになった。所要時間が5分しか違わないのだから、むしろ「ラピートβ」の停車駅の1～2駅を「ラピートα」に移し、所要時間を少しでも短縮する方が理に適っていると思ったものである。

鳴り物入りでスタートした「ラピート」だったが、乗車率はなかなか高まらず、南海は停車駅を増やして集客する戦略に修正した。1996年には、大阪市営地下鉄堺筋線が延伸して乗り換えが便利になった天下茶屋駅に「ラピートβ」が停車するようになった。2001年にはαの一部に停車駅が追加され、2003年にはノンストップ便が廃止されて所要時間の差はなくなり、関空～難波間の所要時間は34～38分になった。しかも現在はほとんどが「ラピートβ」で、「ラピートα」は平日朝の下り4本と夜間の上り6本に過ぎない。

一方、急行料金のかからない急行は毎時3本あり、同区間を44分で走っているので、利用する急行によっては、追加料金もなく、先着できることになる。車内の居住性を考慮しなければ、10分程度の時間短縮に５１０円（スーパーシートは７２０円）が得か損かとの判断になる。ちなみに、乗車時間が最短36分の京成電鉄「スカイライナー」はライナー料金を１２３０円徴収するが、所要時間は一般特急の約半分である。

「ラピート」の最大の弱みは、路線の短さとされているが、打開策として期待されているのが、大阪市内の地下鉄乗り入れだ。最有力候補が地下鉄御堂筋線の西側を並行する計画線の「なにわ筋線」で、新大阪〜北梅田〜福島〜中之島〜西本町〜西大橋〜ＪＲ難波のルートが検討されている。南海が乗り入れるためには、難波〜西大橋間の線路を自前で整備しなければならない。もうひとつの候補が現在の四つ橋線（西梅田〜本町〜四ツ橋〜なんば〜住之江公園）だ。いずれの案でも南海は多額の投資が必要だが、実現すれば大阪中心部から新大阪へのルートを確保でき、「ラピート」の乗車時間も延びるので価値は高まる。

(6) 活かせてない宮崎空港の鉄道駅

空港が県の表玄関

宮崎空港には、ＪＲ九州が日南線田吉駅から分岐線を整備し、直通列車を乗り入れている。鉄

JR九州の宮崎空港駅

道アクセスが充実しているのは、空港が宮崎県の表玄関になっているからだ。

宮崎空港は宮崎市の南端、日向灘に面した国管理空港だ。市の中心部から5㎞の近さにある。前身は、1943年に建設された海軍航空隊の基地だった。戦後は一時アメリカ軍に接収されていたが返還され、1954年に航空大学校の訓練飛行場として再スタートする。同年、極東航空（現：ANA）が福岡経由の大阪線を開設。東京線の開設は1963年で鹿児島を起点にしていた。

1966年に滑走路が1800ｍに延長されて、地方空港として初めてジェット機が乗り入れる。これによって乗客は急増し、1965年度には年間19・5万人だった国内線の乗降客数が、1974年度には100万人、1979年度には200万人を突破する。この背景には、気候が温暖で、海岸線にブーゲンビリアの花が咲き乱れる南国宮崎が、人気の新婚旅行先となった影響が大きい。航空機で東京・大阪から1〜1・5時間で行けることも、多くの観光客を集められた要因であった。

九州主要県では、新幹線への期待が高まったが、新幹線ルートから外れた宮崎では、空港は県の表玄関としての立場を維持している。だが、1980年代の海外旅行ブームが宮崎に大きな打撃を与え、1983年には宮崎空港の乗降客は186万人まで落ち込んだ。

転機となったのは1990年代。新ターミナルビルの完成で大型機が就航できるようになったこと、JALが新規に参入して東京線が3社体制になったのに加えて、大型リゾート施設「シーガイア」がオープンし、観光業の花が再び咲いたからである。1997年度の乗降客は346万人とピークに達した。

現在は、国内6路線、国際3路線が就航し、ピーク時には及ばないが年間利用者282万人、全国12位の空港（2013年）だ。特に多いのは、羽田線（137万人）、伊丹線（54万人）、福岡線（48万人）である（2014年）。

また、空港会社が楽しい空港づくりに積極的なのも、魅力である。「観光立県」を標榜するだけあって、ターミナルビルの内外には南国の花が咲き乱れ、毎週のようにイベントが繰り広げられる。スタッフに対する「おもてなし」マインドの醸成にも余念がないので、接客も気持ちがよい。

「ななつ星」を乗り入れて欲しい

宮崎空港駅は、1日に上下各14本の特急列車（「にちりん」「にちりんシーガイア」「ひゅうが」）が発着する。普通列車は毎時1〜2本に過ぎないが、宮崎駅までの乗車には特急料金がかからないので、宮崎駅まで（普通で10〜14分、特急で8分）は、毎時2〜3本の列車を利用できる。だが、市内までのアクセスには活用されにくい。鉄道を利用するのは、日向市（特急での所要時間約1時間）や、延岡（同約1時間20分）までの中距離客くらいだ。

というのも、運転本数はバスの方が格段に多く、市内の各所を経由するので何かと便利なのだ。確かにバスだと宮崎駅まで25分かかり、料金も440円とJRより100円高いのだが、JRは本数が少ない（日中には1時間弱空白になる時間帯もある）上に、ダイヤがパターン化されていないため不便と言える。

宮崎空港にJRが乗り入れたのは1996年で、地元企業の積極的な協力があって、日南線の田吉から1・4㎞の分岐線が建設されたからだ。延岡には旭化成の主力工場があり、東京への出張者が多いために、旭化成は宮崎空港との間に社用ヘリコプター便を運航していたが、1990

年に搭乗者10名が全員死亡するという痛ましい墜落事故を起こした。そこで、旭化成が空港線と延岡〜南宮崎間の高速化にかかる費用の大半を負担し、単線ながら電化路線が建設されたのである。ＪＲにとっては頼もしいスポンサーであったが、現状の活用度はあまり高いとは言えない。

空港としても十分な施設を備え、安定した気象条件で欠航が少なく、鉄道がターミナルビルまで乗り入れているのだから、地方空港としては最高の環境にある。航空会社と共同で観光開発に取り組むとともに、博多や大分に直通する特急列車がアクセスしていることをもっとアピールすべきである。

さらに言えば、航空と鉄道による九州旅行をさらに便利で魅力的なものとするため、ＪＲ九州自慢の観光列車を宮崎空港駅に乗り入れることはできないだろうか。たとえば、宮崎空港駅発着の豪華寝台列車「ななつ星 in 九州」が運転されれば、日本全国や海外から訪れる観光客は同空港を拠点として、九州周遊旅行を満喫することができる。航空、鉄道、空港の各社が連携し、宮崎空港駅の優位性を活かして類まれな旅行商品を開発してもらいたい。

第4章　望みたいアクセス鉄道

1　期待される羽田の新線

突如浮上したJRの羽田アクセス新線

２０１４年に突然発表されたJR東日本の「羽田空港アクセス線」構想は、まさにサプライズだった。東海道貨物線（浜松町〜小田原間）のうち現在休止中の浜松町〜東京貨物ターミナル間（大汐線）を活用し、さらに東京貨物ターミナル駅からアクセス新線（地下線路、６㎞弱）を整備して、首都圏からの列車を羽田空港の第1旅客ターミナルと第2旅客ターミナルの間に設ける「羽田空港新駅」に直接乗り入れる構想だ。ルートは3案出されている（図４‐１）。

メインは「東山手ルート」だ。山手・京浜東北線の田町駅付近に短絡線を建設して大汐線に接続することで、現在、モノレール利用で28〜33分かかっている東京駅から羽田空港までの所要時間を、約18分に短縮できる。２０１５年3月に開業した上野東京ラインを経由すれば、高崎線・宇都宮線など北関東からの列車も直通運転できる。

「西山手ルート」は、東京貨物ターミナル駅から西の大井町駅付近までトンネルを掘って、東京臨海高速鉄道りんかい線につなげ、池袋や新宿からの埼京線直通列車を乗り入れる。現在新宿から41〜46分かかっている所要時間が約23分になる。最後の「臨海部ルート」は、りんかい線から

図4-1「羽田空港アクセス線」構想の3ルート案

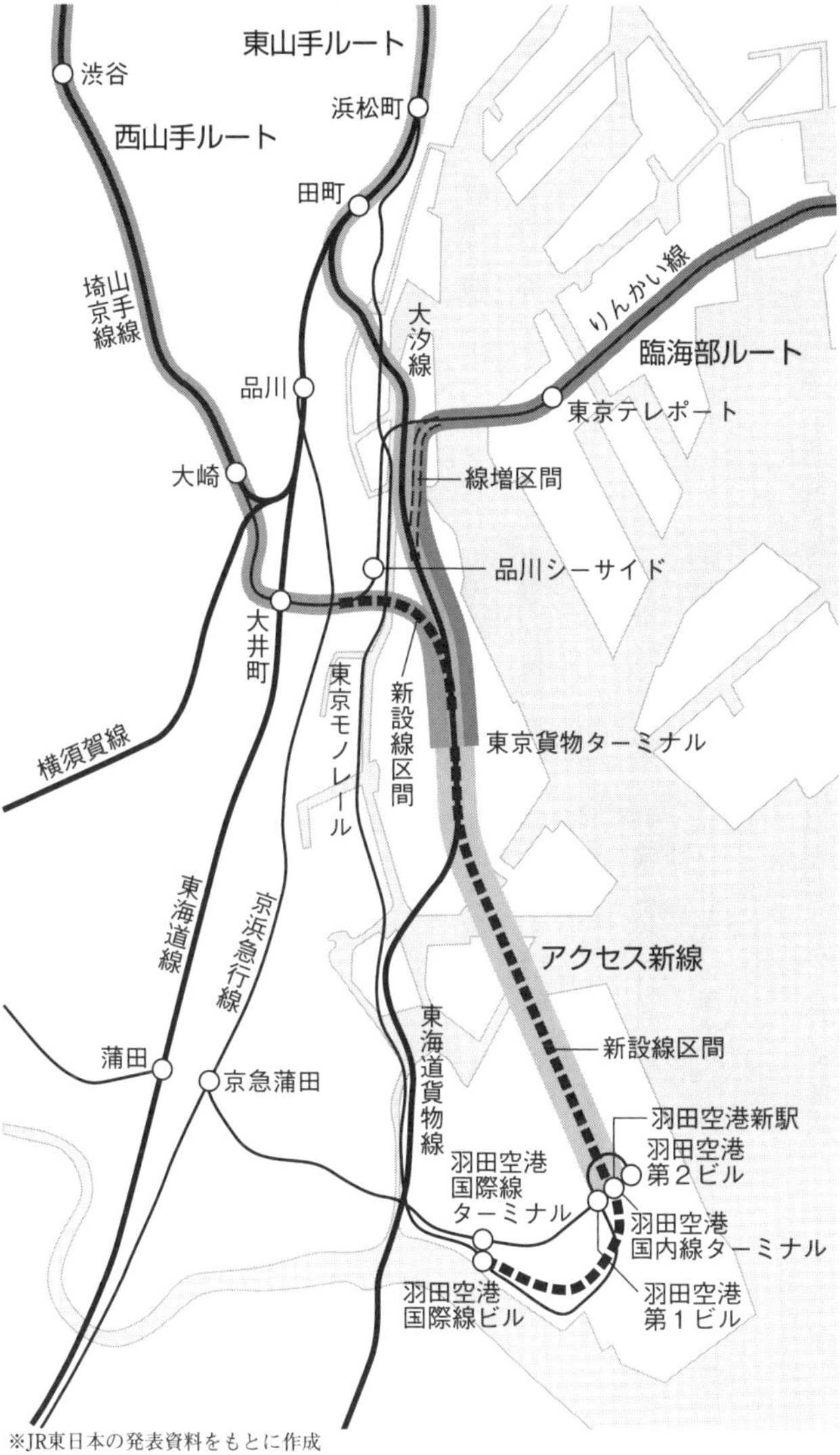

※JR東日本の発表資料をもとに作成

東京貨物ターミナル〜東京テレポート間にある同線の回送線に乗り入れるもので、現在新木場から41分の所要時間が約20分に短縮される。建設に必要な距離は合計約20㎞に過ぎないが、埼京線・りんかい線や京葉線に乗り入れることで、埼玉県や千葉県からの直通列車も運転できる夢のような新線だ。

小手先の改善案ではなく、東京駅や新宿駅から利用できるのだから、羽田空港のアクセスを抜本的に塗り替える。しかも、整備期間が約10年と短い上に、直通列車の運転範囲は首都圏一円に及ぶのだから良いこと尽くめに見える。これまでこのような提案がなされなかったのが不思議なくらいだ。

新線建設の総事業費には約３２００億円を要するが、鉄道の相互乗り入れや短距離化のバイパス路線の建設をあと押しする「都市鉄道等利便増進法」の適用を受けられれば、建設費は国と地元自治体が3分の1ずつを負担することになるため、ＪＲの負担は１０００億円程度で済む。

カギを握るのは東京都の動向だが、ＪR東日本は東京五輪を交渉材料に考えているようで、「競技会場に近い臨海部ルートを先行して整備し、羽田空港近くに暫定駅を開業すれば、４年で建設できる」としている。

計画の実現にはりんかい線を運営する東京臨海高速鉄道の経営を大きく変えることになるため、

同社の同意が不可欠だ。同社資本のほとんど（株式の91・32％）は東京都が出資（JR東日本は同2・41％）しており、東京都の同意なくしては事が進まない。同社の経営は初期の建設費が重荷になって、1400億円の負債を抱えているため、東京都はこれら一連の支出をまとめて処理することになるだろう。

JR東日本の試算では空港新駅の利用者は年間約2800万人が見込め、東海道線などで使用している15両編成の電車を使用すれば、1時間当たり約2万1000人を輸送でき、京急空港線（約1万4000人）と東京モノレール（1万1000人）をあわせた輸送量の8割に相当するという。この羽田の鉄道アクセスが実現すれば、JR東日本が神奈川県を除く関東エリアを一挙に制圧することになる。

「強力な」アクセス新線構想が発表された背景には、後述する「都心直結線」構想への牽制が働いていると思われる。近年のJRにとって空港アクセス輸送は重要な事業に育ってきており、成田は「成田エクスプレス」、羽田は東京モノレールを主体として各市場の半数近くのシェアを握っている。しかし、「都心直結線」ができると、競争力は弱まって、シェアが一気に低下すると推測できるからだ。

影が薄くなる「都心直結線」

国交省が東京駅から成田と羽田を最短時間で結ぶ「都心直結線（浅草線短絡新線）構想」を明らかにしたのが2012年10月だった。東京駅近くに建設する「新東京駅」から、京成電鉄の押《おし》上《あげ》と京浜急行電鉄の泉岳寺までを直結しようというアイデアだ。

現行の押上と泉岳寺間の線路はカーブが多く、列車は時速55〜45kmまでスピードを落とす区間が多いために、「エアポート快特」でも所要時間が20分かかっているが、「都心直結線」は土地所有権の及ばない深い地下（大深度）を利用してほぼ直線で線路を敷くので、時速100〜160kmで走行すれば、9〜10分で走れる。

そのため、現行27〜36分かかっている東京駅から羽田空港までが18〜19分に、53〜55分かかっている東京駅から成田空港までが37分に短縮できる。

政府は同構想を2013年6月に「長期成長戦略」に組み込み、国交省は2013年度に1億5000万円の地質調査費、2014年度に1億8000万円の調査費補助金を、2015年度に2億3600万円の調査費を予算に計上して、調査・検討を行っている。工費には民間資本を取り入れたPFI方式を想定し、完成は2020年代半ばを目指す。

問題は約11kmの工事に必要な約4000億円の建設費と、在来線との兼ね合いだ。建設費は、

「都市鉄道等利便増進法」に認定されるだろうから、国と地元自治体が3分の1ずつを負担し、残りの費用は１３３３億円余りとなる。事業者で関係するのは、京成電鉄、京浜急行電鉄、東京都交通局なので、３者で分担すれば、１事業者当たり約４４４億円になる。期待できる新規需要は少なく、在来線からの移行が多いと想定される中で、４４４億円をどう考えるかだ。

しかし、３者の取り組みには、かなりの温度差がある。東京の中心部への乗り入れが実現する京浜急行電鉄は非常に熱く、「実現に向けて積極的に取り組みたい」としているのに対して、成田スカイアクセス線の開業で日暮里駅を整備したばかりの京成電鉄は「どのようにかかわるのかは、慎重に見極めたい」、東京都交通局は「並行する浅草線の運行本数が減るので、サービス水準が低下しないよう検討が必要」（いずれも２０１４年9月5日開催の国交省「東京圏における今後の都市鉄道のあり方に関する小委員会」でのヒアリング）と腰が引けている。

しかも実現には、課題が多い。まず、要になる「新東京駅」だが、東京駅付近の地下はすでにほとんど使用され尽くされていて、新たに駅を建設するには、丸の内の仲通り地下が東京駅から最も近いとされる。だが、大深度とは地表から40ｍ以上の地下と規定されており、地上まで上がってくるのに10分はかかる。新東京駅が東京駅から離れていることを考慮すると、ＪＲとの乗り換えには15～20分が必要だ。また、現行の一般車両を使用したアクセス特急や「エアポート快特」

の走行には十分だが、空港アクセスの仕様を盛り込んだ「スカイライナー」のような特急を走らせるには、駅施設の改良が必要になる。東京駅始発にするには、折り返し用施設（ホーム）が不可欠だ。

さらに、検討に3年もかかり、事業主体も決まらないうちにJRが「羽田空港アクセス線」構想を発表したことで、「都心直結線」への期待は急速に薄れ始めた。競争力の劣る新東京駅～泉岳寺間の建設を見送ると、路線は新東京駅～押上間だけになり、1日22万人（うち3万人は両空港のアクセス客）と予測する需要は大幅に減る。早く事業主体を明確にしないと、「机上の空論」に終わってしまう可能性がある。

調整が進まない蒲蒲線

1989年に大田区が「大田区東西鉄道網整備調査報告書」としてまとめた、通称「蒲蒲線構想」と呼ばれる整備計画がある。現在約800m離れている東急多摩川線・池上線の蒲田駅と京急蒲田駅間をつなぎ、東京急行電鉄の列車を京浜急行電鉄の空港線に乗り入れる構想（図4-2）で、当初は直通急行を走らせれば渋谷から羽田空港までは30分、田園調布から羽田空港までは、現在の半分の23分になると目されていた。東京急行電鉄は、東京メトロ副都心線を経由して東武

図4-2「蒲蒲線構想」の概要

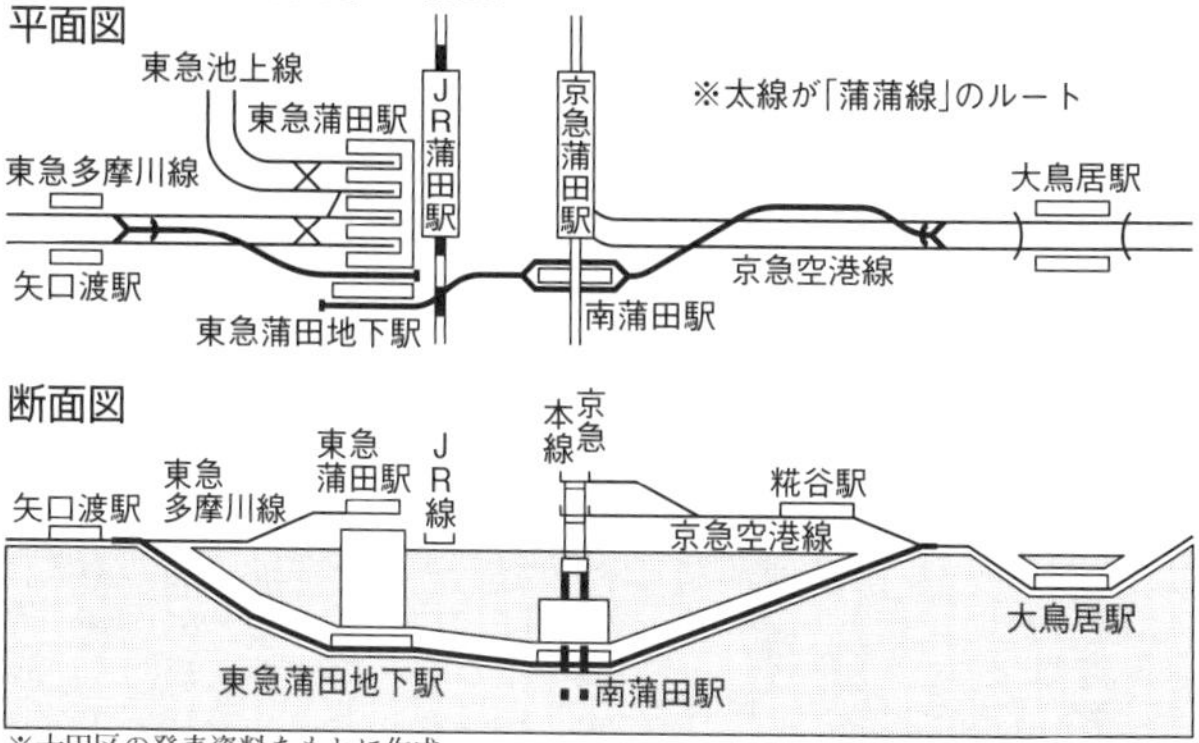

※大田区の発表資料をもとに作成

東上線や西武池袋線とつながっており、東武東上線からの列車を直通運転すれば、川越から羽田までは97分だ。

２０００年１月の運輸政策審議会答申第18号において、「目標年次（２０１５年）までに整備着手することが適当である路線」と位置づけられているが、まだ具体化の動きには至っていない。両線を結ぶ距離は短いものの、間にはＪＲの線路があることに加え、ゲージが異なり（京浜急行電鉄は１４３５㎜、東京急行電鉄が１０６７㎜）、接続が簡単でないためだ。

いくつかの案が考えられているが、最有力案は、東急多摩川線矢口渡《やぐちのわたし》駅付近から分岐し、東急蒲田駅・京急蒲田駅付近の地下を経由して空港線の大鳥居駅までの３・１㎞に地下新線を建設する。大田区の素案では、東急多摩川線の田園調布方面からノンストップの列車に乗ってきた乗客は、東急蒲田駅に新設される地下ホームで対面に停まっている京急の列車に乗り換え、羽田空港に向かうことになる。

同案の建設費は、土木工事費710億円、設備費110億円、用地買収費150億円、その他110億円で、1080億円の見込みだ。大田区はこの計画を「地域の発展に重要」と位置づけて積極的に動き、羽田の再拡張をひとつの契機として、2007年に国、都、東京急行電鉄、京浜急行電鉄とともに勉強会を立ち上げ、2013年には調査報告書をまとめ、「1日当たりの輸送人員は約4万2400人（うち航空旅客は1万5800人）が見込める」とPRに懸命だが、電鉄2社の姿勢に、かなりの温度差が見られる。

空港線を有する京浜急行電鉄は航空旅客が品川経由と東急経由に分散する上に、東急経由の旅客収入は蒲田〜空港間に狭まってしまう。一方の東急は失うものがない上、副都心線、東武東上線、西武池袋線沿線からの乗客も呼び込めるからだ。

2014年9月に開催された国交省「東京圏における今後の都市鉄道のあり方に関する小委員会」でのヒアリングでも、品川〜羽田空港間の輸送に力点を置く京浜急行電鉄は、「事業採算性、スケジュール、スキームなどについて十分な精査が必要」と、慎重な姿勢を崩していないのに対し、東京急行電鉄は積極的な発言をしている。

また、要になる東京都の姿勢は、今ひとつ消極的だ。次の交通審議会答申に向けての東京都のアピール「広域交通ネットワーク計画《交通政策審議会答申に向けた検討の中間まとめ》」（２０１５年３月）では蒲蒲線構想の名前を確認できるものの、同年７月発表のまとめでは、すでに述べたＪＲの「羽田空港アクセス線」構想を本命視しているようだ。「西山手ルート」なら渋谷から乗り換えなしの21分で到達でき、列車の乗り換えや運賃の加算が必要な蒲蒲線の競争力はなくなるからだ。

蒲蒲線は課題となる新線の距離は短いものの、推進積極派の大田区・東京急行電鉄と、消極派の東京都・京浜急行電鉄が対立構図になっているだけに、国の強力なイニシアティブがない限り、簡単に動き出しそうにない。

2　できそうな鉄道新線

「成田エクスプレス」の成田スカイアクセス線への乗り入れ

成田空港のアクセスにおける鉄道系のシェアは約半分（49・3％）を占めるが、26・6％は京成電鉄、22・7％はＪＲ東日本が担っている（国交省「国際航空旅客動態調査」２０１３年）。

京成電鉄の成田スカイアクセス線開業後も、ＪＲ東日本の「成田エクスプレス」の重要さに変わりはない。何より、首都圏３方面に伸びる路線ネットワークと安定感のある乗り心地で、海外

「成田エクスプレス」の外観（上）と普通車の車内（下）

旅行客の便利なアクセスとして定着している。特に外国人は「ジャパンレールパス」（普通車用・大人・7日間で2万９１１０円。２０１５年2月現在）を購入すれば追加料金が不要なので、利用者が多い。ただ、欠点は、悪天候に弱い（走行する線路が複雑で、遅延の連鎖を警戒し、早めに運休する）こと。そして総武線は錦糸町駅から南下を始め、東京湾に沿って千葉駅まで行ってから北上し、成田線で空港に入ることによる所要時間の長さだ。

しかし興味深いことに、「成田エクスプレス」が走る総武線は、錦糸町駅から分岐して東京駅に向かう快速線が馬喰町《ばくろうちょう》駅を出たところで都営地下鉄浅草線と地下で交差しているのである。ということは、ここで両線を接続すれば「成田エクスプレス」は都営浅草線を走って押上を通り、成田スカイアクセス線を走れるではないか。しかも、両国から京成押上まで（２㎞強）を直接つなげば都心直結線よりもはるかに短い工事区間で東京駅への乗り入れが実現し、「成田エクスプレス」の所要時間は大幅に短縮できる。

問題は、ＪＲと京成と都営地下鉄のゲージが異なることだ。ＪＲ在来線のゲージは狭軌（１０６７㎜）だが、京成・都営地下鉄浅草線は標準軌（１４３５㎜）であり、直通することができない。そこで提案なのだが、現在、鉄道総合技術研究所などで研究開発が進められているフリーゲージトレインの台車を活用して新たな「成田エクスプレス」を開発してはどうだろうか。東京駅からは狭軌のゲージで出発し、都営地下鉄または京成に乗り入れる時点でゲージを広げるのだ。成田スカイアクセス線を走れるようになれば、成田空港までのアクセスは飛躍的に向上する。

欧州では、すでに1968年からスペイン（ゲージ1668㎜）の特急「カタラン・タルゴ」がフランス（同1435㎜）に乗り入れている。もっとも、タルゴ（TALGO＝一軸台車連接型客車）の台車は車軸がないため、ゲージを変えるのには向いている構造だ。

日本では新幹線の車両を在来線に乗り入れるために、1994年から鉄道総合技術研究所、2002年からフリーゲージトレイン技術研究組合でフリーゲージトレインの開発が進められている。2007年に試験車両をJR九州の日豊本線で走らせてみたところ、直線部では130㎞で走行できたものの、一部のカーブ区間では、既存の特急よりも時速20㎞程度、速度を落とさないと、安全に曲がれないことが判明した。一方、新幹線区間での高速走行については、2009年に九州新幹線鹿児島ルートで走行試験を行い、目標だった最高時速270㎞での安全走行を確認した。従って、現在の課題は在来線でカーブを高速で通過するための技術開発と耐久性だ。

FGTの車両は、台車の車輪の幅を自由に動かす機構が加わるために構造が複雑になって重くなるが、高速走行でカーブを曲がると遠心力が増して線路を傷める可能性が高まる。そこでフリーゲージトレイン技術研究組合は、台車を短くして軽量化を図ることと、バネを軟らかくして対

仙台空港の旅客ターミナルビル

応力を増すためのテストを繰り返している。

仙台空港〜山形駅間に空港特急を

東北地方は、新幹線と空港の整備がほぼ完了しており、競合は最終段階を迎えている。今後、新幹線延伸の可能性は山形〜酒田間くらいだが、空港の新設は考えられず、むしろ、これから淘汰の時代に入るだろう。東北の各空港の利用実績からは、山形（乗降客数全国51位・年間20・9万人）、大館能代（同60位・12・3万人）、庄内（同44位・36・9万人）、福島（同48位・25・4万人）が厳しい状況を迎えている（２０１４年度実績）ことが分かる。

東北の拠点空港である仙台空港（同10位・３２４万人）は、東北全体の経済活動を背景に、国内線でも国際線でも、地域を代表する空港としての地位を固めつつあるが、2007年には仙台空港アクセス鉄道が完成し、仙台駅から直通列車が乗り入れた。また、空港の運営権売却については、東京急行電鉄を中心とする企業グループと2015年9月中に基本協定、12月に正式契約を締結し、2016年6月末の完全民営化を目指している。

一方、山形空港は第1章で触れたように新幹線に国内旅客を奪われて路線の維持が難しく、国際定期便、LCCの就航も厳しい。一時は空港と市内を結ぶ連絡バスも運行を休止していたほどだ。そこで、高速道路も鉄道もかなり発達している仙台〜山形間の交通を活かし、仙台空港〜仙台〜山形駅間に直通の空港特急を1日6往復程度運転することを提案する。海外からの旅客は山形に行きやすくなり、山形からの旅客は、航空だけでなく、東北新幹線への接続が便利になる。

筆者は、新路線の開設時の助成策には賛成するが、路線維持のために恒常的に税金を投入するのは反対の立場だ。これからの地方空港は、対新幹線との競争力の有無に加え、国際化とLCCの誘致力がなければ、伸びる要因はない。ライフラインに不可欠な路線は仕方がないが、自立できない公共交通は仕組みを変える必要がある。そこにメスを入れなかった結果、一部の地域では近隣空港と同様な機能しか持たない「どんぐりの背比べ」状態の空港が温存されたままでいるのだ。

広島空港の旅客ターミナルビル

広島空港に欲しい鉄道アクセス

新空港に移転してアクセスが格段に不便になった典型例として、広島空港が挙げられる。旧広島空港は広島駅から7・5㎞の場所にあり、国内の空港の中でも、近くて便利な空港だった。空港には広島駅を結ぶ空港バス（190円）に加え、市内の路線バスが多数乗り入れていた。タクシーでも、15分程度で市内の主要箇所に行けた。1800mの滑走路を備えていたので、B767やA300といった中型機も発着していたが、瀬戸内海に突き出している滑走路の拡張余地がないために大型機の受け入れができないこと、地形上霧の発生による欠航が多いこと、市街地にあるために騒音公害が深刻化していたことから、1983年に移転した。

新たな空港は、広島市内の中心部から50㎞離れた県中央の三原市にある。新空港の場所が決まると、地元では

広島駅を発着する空港バス

アクセスを心配する声が上がり、リニア鉄道のＨＳＳＴ（高速地表輸送機）を通す案まで出されたが、本命視されたのは山陽本線から分岐する鉄道案だった。

県が提示したのは、広島駅から東の倉敷方向に普通列車で約50分走った山陽本線白市《しらいち》駅付近から、空港までの８㎞に分岐線を作る案だが、付近は山岳地帯で勾配が大きく、建設費は単線で約３４０億円と見積もられた。しかし、周辺自治体は費用の分担に消極的で、ＪＲ西日本も話にまったく乗って来なかった。理由は、山陽本線のダイヤが錯綜すること、十分な需要が見込めないこと、そして新幹線と競合関係にある事業には協力し難いとのことだった。

そこで県は山陽本線に接続しない独立路線案や、運行車両を県が保有しＪＲ西日本にリースする案も提示したのだが、事業の採算性に疑問があるとのＪＲの主

山陽本線の白市駅

張で協力が得られなかった。そのため、新空港のアクセスバスは広島駅新幹線口からの所要時間が45分、運賃が１３４０円、市内バスセンターからの所要時間は51〜53分（運賃は同じ）になってしまった。以前であれば、フライトの直前に駆けつけられたのだが、アクセスに1時間を見ておかなければならない。

開港後も、県は折にふれて白市駅からの分岐線引き込み案をアピールしてきたが、ＪＲ西日本も周辺自治体も同調しないことから、２００６年に計画を凍結。だが、昨今では市内の渋滞も増えてバスの運行時間が延びる傾向にあり、県は白市駅〜広島空港間で走らせていた連絡バス（約15分・３９０円）を増便する社会実験をして、鉄道系アクセスの利用を促そうとしている。白市発着の列車の多くは岩国始発で、広島以外にも宮島口、廿日市《はつかいち》、五日市などの駅を通るため旅客も多いが、空港までの鉄道系アクセスが整備されれば、広島、宮島、岩国を周遊する観光客の利用も見込めるのだ。

近年の広島空港は、中国・四国地区を代表する空港となり、国際線の乗り入れも増えている。国内線は新千歳、仙台など5都市と結ばれ、成田、仙台からはＬＣＣも就航したほか、国際線もソウル、北京、大連、上海、成都、台北、香港への便が就航している。訪日外国人旅客が急増し、インバウンド需要が高まる中、ＪＲ西日本には新幹線との競合だけでなく、アジア主要都市の広島空港として発展している波及効果にも目を向けて欲しいものだ。

山口空港をかすめる宇部線を活用

ターミナルビルからわずか６００ｍという近さで鉄道が空港の鼻の先をかすめていながら、アクセス鉄道に使われていないのが山口宇部空港だ。空港にいかにアクセス鉄道を引き込むかで苦心惨憺《さんたん》している地域が多いのに、ここには駅まであるのだから、もったいない話である。

空港が開港した１９６６年当時の名称が「宇部空港」だったように、この空港は宇部市の中心部からわずか３㎞の場所に位置するが、山口市中心部からは約33㎞（東京駅から西国分寺駅の距離に相当）も離れている。空港から１時間圏内には約１００万人の人口が複数の市町に分散しているのが特徴だ。従って、空港の利用者を集めるには、陸上交通の活用が重要になる。

開港時は、羽田便、宇部経由の羽田〜北九州便、大阪便が各1便運航されていたが、１９７５年の山陽新幹線全通の影響で１９７７年に大阪便はなくなった。その後、１９８０年に航空機がジェット化されたのを機に、山口宇部空港と改称された。現在は羽田便だけだが、1日にＪＡＬが小型機Ｂ７３７で4便、ＡＮＡが中型機Ｂ７６７・Ｂ７８７で3便、スターフライヤーが小型機Ａ３２０で3便を運航し、年間88万人（２０１４年度）が利用する空港だ。

２５００ｍの滑走路と機能的なターミナルビルが整備され申し分のない環境だが、欠点は最初にも述べたとおり公共交通機関だ。使用料無料で広大な駐車場（１５００台収容）が用意されているので、地元民からは便利な空港と認識されているのだが、マイカーのない来訪者にとっては公共交通機関によるアクセスがまったくもって不便だ。

来訪者がもっぱら利用しているのはバスだが、近年まで山口市内の県庁や山口駅まで行く直通バスはなかった（第3章参照）。空港から山口市内の入口となる山陽新幹線新山口駅まで34分、８９０円、山口駅までは59分、１５４０円もかかる。また、観光地として有名な萩・秋吉台や、島根県の津和野に行くには空港バスで新山口駅まで行き、そこで各方面のバスに乗り換えるのだが、運転本数が少なく、観光地を効率よく周遊することはできない。新山口駅からＪＲ山口線を使う方法はあるものの、バスと列車のダイヤが接続されておらず、たまたまタイミング良く特急に乗れれば湯田温泉までわずか10分程度で行けるが、１２７０円の特急料金が必要だ。

ＪＲ宇部線の草江駅は空港から歩いて８分のところに存在するのに、航空会社の空港アクセスガイドからも外されている。列車は１時間に１本（朝夕のラッシュ時のみ２本）程度で、宇部市の中心市街地にある宇部新川駅まで９分、新山口駅まで40分で結んでいる。同線は単線で列車は各駅停車のため、高速道路を使うエアポートバスに新山口駅までの所要時間では負けるのだが、運賃は半額以下だ。実際、草江駅ではスーツケースを持った乗客が数名乗り降りするのを見かけるし、草江〜宇部間の乗客は結構多い。路線に高速化のための設備投資を行ってきていないので、最高速度は時速85㎞に抑えられている。一時、快速「のぞみリレー号」が新山口〜宇部新川間を走っていたが、２００９年に廃止されてしまった。

しかし、山口市内に入ると、バスと違って信号待ちや渋滞がなく、専用軌道の優位性が活きるので速い。新山口駅から宿泊客の多い湯田温泉（駅は街外れにある）まで山口線の普通列車で19分（バスは湯田温泉通まで24分）、山口駅まで普通で23分、特急で14分（同37分）だ。

空港アクセスには、山口駅から直通列車で宇部線に入り、草江を経由して宇部（山陽線に接続）まで運転するエアポート快速を１時間に２本程度欲しい。直通列車を運転するには、山口線を電

JR宇部線の草江駅（上）と新山口駅（下）

化するなど施設の改修が必要だが、最高時速130㎞運転の快速であれば、山口駅から草江駅までを30分程度で結べるのではないだろうか。同区間の運賃は670円だから、バスの1540円よりはるかに安い。また、駅名は「山口宇部空港前」に変更すべきだろう。将来は、草江〜山口宇部空港間に支線を建設し、ターミナルビル横に乗り入れて欲しいものだ。

山口駅で益田行きの列車に接続すると、津和野に向かう観光客や、萩・石見《いわみ》空港を利用する日本海沿いの旅客も取り込める。津和野、萩、秋吉台、市内を1泊2日で回ることができれば、山口県に行く観光客も増えるだろう。山口県には、旅行者が回遊しやすい環境整備を念頭に、空港アクセスの充実を図ってもらいたい。

ちなみに地方空港大拡張時の1993年に開港した島根県の萩・石見空港は、年間利用者が11・4万人（全国61位・2014年度）と少なく、大阪便はなくなり（2015年は夏季のみ就航）、羽田便も2便目を補助金で維持するなど、存亡の危機にある。もともと圏内の市場が小さく、航空と鉄道の連携を推進すべき空港のひとつだ。

宇部線の拡充に対するJR西日本の姿勢は消極的だが、「空港アクセス輸送」を切り札にして、宇部線、山口線を活性化し、ひいては航空を含めた山口・島根県の高速輸送網を再構築してもらいたい。

博多・福岡〜北九州空港のアクセス鉄道

同じ福岡県内にあり、距離が近いにもかかわらず、極端なアンバランスになっているのが、福岡空港と北九州空港だ。

福岡空港は、国内27都市、海外21都市からのフライトが就航し、日本で3位（2000万人＝2014年度）の乗降客がある。強い九州経済と、福岡市中心部である天神から地下鉄で10分、新幹線が発着する博多駅からはわずか5分という地の利を活かし、2013年度の年間発着回数は約17・4万回（民間機のみ）で全国3位、滑走路1本当たりの発着回数は日本一だ。活況を呈するのは良いことなのだが、定時運航が可能な14・5万回を超えているために、朝のラッシュ時には9時から11時までの出発便を定時でこなせず、遅延の回復に11時台までかかっている状況だ。

現在は、混雑緩和のための施設増強が進められており、約1800億円をかけて2024年度までに2本目の滑走路を建設するが、それでも発着容量は5％しか増えない。ちなみに、2030年の旅客数は、2050万人と見積もられている。

一方、北九州空港は2006年に、旧空港を移転して開港した。旧空港は1944年に小倉地区に設置されていたが、三方を山に囲まれて霧が発生しやすい上に滑走路が短く、ジェット化に十分対応できなかったからだ。移転前の乗降客数は年間約37万人で、北九州地区の航空利用者2

30万人の一部しか取り込めていなかった。

北九州市は、九州を代表するモノづくりの現場になっており、中でも自動車産業は、日本を代表するメーカーが大規模な製造拠点を置いているほか、中国の製造拠点と連携を強めている。従って、首都圏・中部圏の本社、北九州、中国の製造拠点を行き来する関係者も多い。

そこで、環境の制約が少ない新門司地区周辺の沖合約3㎞の海上に、新たな空港を建設した。用地は、関門海峡などの航路整備の際の土砂の埋め立て地だったため、建設コストが安くできた。滑走路は2500mだが、いつでも3000mに延伸できる状況にある。海上なので、24時間運用がなされており、7時から22時に制限されている福岡空港とは大違いだ。

新空港にとって幸いだったのは、既存のJASに加えて、同空港を拠点にする新規航空会社スターフライヤーが立ち上がったことだ。就航当時のスターフライヤーは、北九州空港の24時間運用のメリットを活かして、同じく24時間運用可能な羽田空港との間に終日で便を運航し、福岡〜羽田線を補完しようと構想を練っていた。しかし、目論んでいたほど、福岡空港から乗客は流れてこなかった。なぜなら福岡市内からのアクセスが悪いからだ。スターフライヤーは、早朝・深夜便の利用者に向けて福岡〜北九州空港間に格安の乗合タクシーも運行したが、なかなか利用は高まらず、空港自体の乗降客数も126万人（2014年度実績・全国25位）にとどまっている。

　だが、福岡市内から北九州空港へのアクセスが改善されれば、北部九州の航空事情は一変するだろう。たとえば、北九州空港に福岡空港の東京（羽田）、大阪（関空）便の一部を移転すれば、福岡空港は空きができた枠に他路線の増便・新規便開設ができる。さらに、国際線とＬＣＣを就航させることで空港の価値は向上する。欧州線を例にとれば、深夜に日本を出発すれば欧州には早朝に到着できるので、ビジネスにも観光にもメリットが大きい。

　ところで、北九州空港には鉄道系アクセスがないのだが、構想自体は開港前から検討されている。地元が切望しているのは、鉄道で空港～小倉駅を結ぶだけでなく、小倉駅から博多駅までをつないで福岡の市場を取り込むことだ。

　ＪＲ小倉駅から新空港までの新線整備については、北九州市が２００１～２００３年に設置した新北九州空港アクセス鉄道整備検討委員会で検討された。主なルートは、①ＪＲ小倉駅から新線を建設（14・６㎞・小倉から約10分）②同じルートで新幹線を整備（15・６㎞・同約８分）③ＪＲ日豊本線下曽根駅付近から分岐する案（10・３㎞・同約17分）の３本だった。３案の事業費は６００億～１０００億円である。

　これら、新線を小倉で在来線または新幹線につなげ、福岡とのアクセスの可能性を探る検討は、

2003~2006年に国と福岡県を中心に設けられた新北九州空港軌道系アクセス検討委員会でも行われた。同検討委員会の結論は、3本のルートの技術的難易度やコストの違いはあるにせよ、採算に乗せるには、空港の利用者が年間450万人を超えないと難しいとの見解だった。ただ、国の公的補助を現行よりも上乗せすれば、300万人でも可能としている。

つまり、国交省が230万人と推定（検討当時）した北九州の潜在的航空旅客を逃さずに取り込み、福岡空港利用者1829万人（検討当時）の5％を誘導できれば、320万人を超え、300万人をクリアできる。ということは、②の新幹線案で整備し、新幹線車両をそのまま山陽新幹線に乗り入れ、博多まで直通運転すれば30分でアクセス鉄道が完成するのである。

長期的には福岡空港の限界も見えてきており、仮に新たな空港を建設するとすれば7000億~8000億円の事業費がかかるという話もある。もし1000億~1500億円で北九州空港の新幹線アクセスが出来上がるのであれば、福岡に新空港を建設するよりもコストパフォーマンスは良いだろう。

3　海外では市内でチェックインする時代に

増える「インタウン・チェックイン」

日本では空港への到達時間の短縮に懸命なのだが、海外では市内で航空会社の搭乗手続きができる「インタウン・チェックイン」を整えた国が増えてきた。市内の要所で航空会社のチェックインを済ませ、手ぶらで空港に向かう。もちろん、早めに手続きを済ませて、搭乗時間まで観光や買い物を楽しむことができる。アジアでは、香港、ソウル、バンコクなど、欧州ではウィーンなどで、すでに稼働している。

香港のゲートであるチェク・ラップ・コック国際空港は、旧啓徳空港を受け継いだもので、ランタオ島北側のチェク・ラップ・コック島を削り土砂で埋め立て、1998年に開港した。啓徳空港は市内にあったが、滑走路は海に突き出た短い滑走路1本で長さに余裕がない上に、空港の進入コースにある岬を急角度で迂回する通称「香港カーブ」を経てから、ビルや民家の屋根をかすめて着陸することから、「世界一着陸が難しい空港」と称されていた。パイロットにもそれが認知されていたようで、幸い事故は多くはなかったが、滑走路で止まり切らず海に落ちた航空機もあった。

新しいチェク・ラップ・コック国際空港は以前の４倍の敷地面積と同７倍の旅客ターミナルビル、２本の滑走路（最大４本建設可能）を建設して容量には余裕のある空港になったが、問題は市の中心部から約34㎞も離れてしまったことだ。

そこで、市内中心部を通る本格的な鉄道アクセスを専用軌道で建設し、エアポート・エクスプレス（空港発６～25時頃、日中約10分間隔で運転）で中心地の九龍駅（所要時間21分）や香港駅（同24分）と結んだ。市内では地下を走るが、高速走行用の本格的な車両が採用されている。さらに素晴らしいのは、九龍・香港の各駅で、「インタウン・チェックイン」が行われていることだ。

航空会社の搭乗手続きを終えれば、荷物を預けて再び観光やショッピングに出かけて良いのだが、出国手続きまで終わらせた場合は、そのままエアポート・エクスプレスで空港に向かうことになる。ただ、乗車するのは指定の列車で、一般の乗客と反対側の専用ホームを利用する。列車のドアはそれぞれのホームから乗車できる車両が分けられており、乗客が誤って指定外の車両に乗ることはない。そして、空港到着後は出国手続き済みの乗客は専用通路で出国審査場に向かう。つまり、駅と車両の設計段階から、乗客が混在しないような構造が取られているのだ。

チェックインは出発当日の朝から出発予定時刻の90分前まで可能なので、朝に宿泊ホテルをチェックアウトし、そのままエアポート・エクスプレスの取り扱い駅でフライトのチェックインを

仁川空港駅のホームと「A'REX」＜トラン・デュ・モンド提供＞

済ませることができる。搭乗便の座席確保の確認ができ、大きな荷物から解放されるので、心おきなく市内観光やショッピングを楽しむことができる。街の規模がまったく異なるのでたとえにくいが、銀座や新宿駅でチェックインを済ませるような感覚と言えるだろうか。

また、韓国のソウルでは、２０１０年12月に仁川国際空港からの専用鉄道がソウル駅まで全通したのを機に、ソウル駅と空港バスが発着する三成洞《サムソンドン》の都心空港（ＣＡＬＴ）ターミナルの2カ所で「インタウン・チェックイン」が整えられた。利用できるのは午前5時20分から午後6時30分までで、出発時刻の3時間前までに手続きを完了する必要がある。ちなみに、ソウル駅から仁川国際空港までノンストップの空港鉄道「Ａ'ＲＥＸ」の所要時間は最速43分である。車両は日本の空港特急のイメージに近いが、直線区間が多く、なかなか快適だ。空港では、ターミナルに隣接した地下駅に到着する。ソウル駅で預けた荷物は鉄道会社によって空港に運ばれ、搭乗便に積み込まれる。また、出国手続きを終えた旅客は空港の専用出国通路での簡単なセキュリティチェックを受けるだけで、飛行機に乗れる。

タイでは、スワンナプーム国際空港と都心を結ぶ都市高速鉄道「エアポート・レール・リンク」のマッカサン駅で、２０１１年から手荷物預かりを含めた国際線の搭乗手続き（出発時刻の3～12時間前）を行えるようになった。ところが、２０１４年11月に現地を取材すると、エアポート・レール・リンクの延伸と車両の調達が順調に進んでおらず、「インタウン・チェックイン」はいったん、棚上げになってしまっていた。

バンコク駅への延伸を進めているエアポート・レール・リンク（ＡＲＬ）はパヤタイ駅まで完成していたが、同駅で市内の主要交通機関であるバンコク・スカイトレイン（ＢＴＳ）と接続したことで乗客が急増して車両が足りなくなり、「エアポート・エクスプレス」の運行を中止している。ラッシュ時には、マッカサン駅からの乗客にも積み残しが大量に出る有様で、同駅での「インタウン・チェックイン」の扱い中止もそれが理由のようだ。今後、ＡＲＬがバンコク駅（ファランポーン駅）まで全通した段階で、再び態勢を立て直すものと思われる。

ウィーン中央駅の「インタウン・チェックイン」受付カウンター

ウィーン国際空港のアクセスを担う空港特急「CAT」

また、欧州ではオーストリアの首都ウィーンで、「インタウン・チェックイン」が採用されている。ウィーン市内からウィーン国際空港へ向かう旅客は、ほとんどがウィーン・ミッテ（中央）駅から空港特急の「CAT」（シティ・エアポート・トレイン）を利用するためだ。CATは空港までをノンストップ16分で結ぶが、わずか16分の旅にはもったいないほど重厚なつくりだ。シートはボックス型で、一部が中2階構造になっており、車両当たりの乗車定員は少ない。もともと人口が少ない国なので、日本のように「効率」はあまり問題にならないのだろう。ただ、駅のホームは長いのだが、列車の停止位置が表示されておらず、案内放送もないので、大きな荷物を持参する利用者は、列車が到着してから、重い荷物を引きずりながら乗車口を求めて、右往左往することになる。

ウィーン・ミッテ駅からCATを利用する乗客がもともと少ないのだが、「インタウン・チェックイン」の利用者はさらに少ない。駅には4～5カ所の受付カウンターがあり、スタッフは2名配置されているが、揃って2名が対応する状況にはならない。地元の住民に聞くと、町の規模が小さいので、大きな荷物がある場合には、車で空港まで行ってしまうようだ。

「インタウン・チェックイン」は、一時はドイツでも検討された。しかし、ルフトハンザの広報担当者の話では、旅行者が利用するドイツの駅は広く分散しているので対象駅・路線を絞ることが難しく、今のところ導入計画はないとのこと。

確かに、「インタウン・チェックイン」を運営するには、鉄道網の整備のほかに、集中と効率が必要で、人口密度の高い地域に向いたシステムと言える。

打ち切られた「インタウン・チェックイン」

日本でも以前は「インタウン・チェックイン」があった。東京・箱崎の「東京シティエアターミナル」（T-CAT）、「横浜シティエアターミナル」（YCAT）、「京都シティエアターミナル」（K-CAT）などで、現在は廃止、もしくは空港業務を取りやめている。

T-CATでは、JAL、ユナイテッド航空、エールフランスなど一部航空会社の搭乗手続きと、出国審査が行われていた。成田空港が1978年に開港してからしばらくは、アクセスはほとんどリムジンバスに頼っており、特に日本橋・箱崎のT-CATはすぐに首都高速道路に入れることに加えて渋滞の影響を受けないために、都心側のゲートとなったのだ。

T-CATで手続きを済ませた乗客は一般のバスとは別の専用バスに乗り、成田空港到着後は出国審査場で確認をされるだけ。しかも、出国者が手続きを済ませれば、送り客も同じバスに乗ることを許されていたので、今考えれば大らかな時代であった。

このようなメリットがあったために利用者は増え、また、バスの乗客名簿が航空会社に通知されることで、乗り遅れのリスクも少なくなる。そのため、取り扱いを希望する航空会社も広がった。空港以外にチェックイン・カウンターのコストがかかるので、取り扱う乗客数の少ない航空会社には負担になったが、サービス競争のために、設置する社が増えたのである。

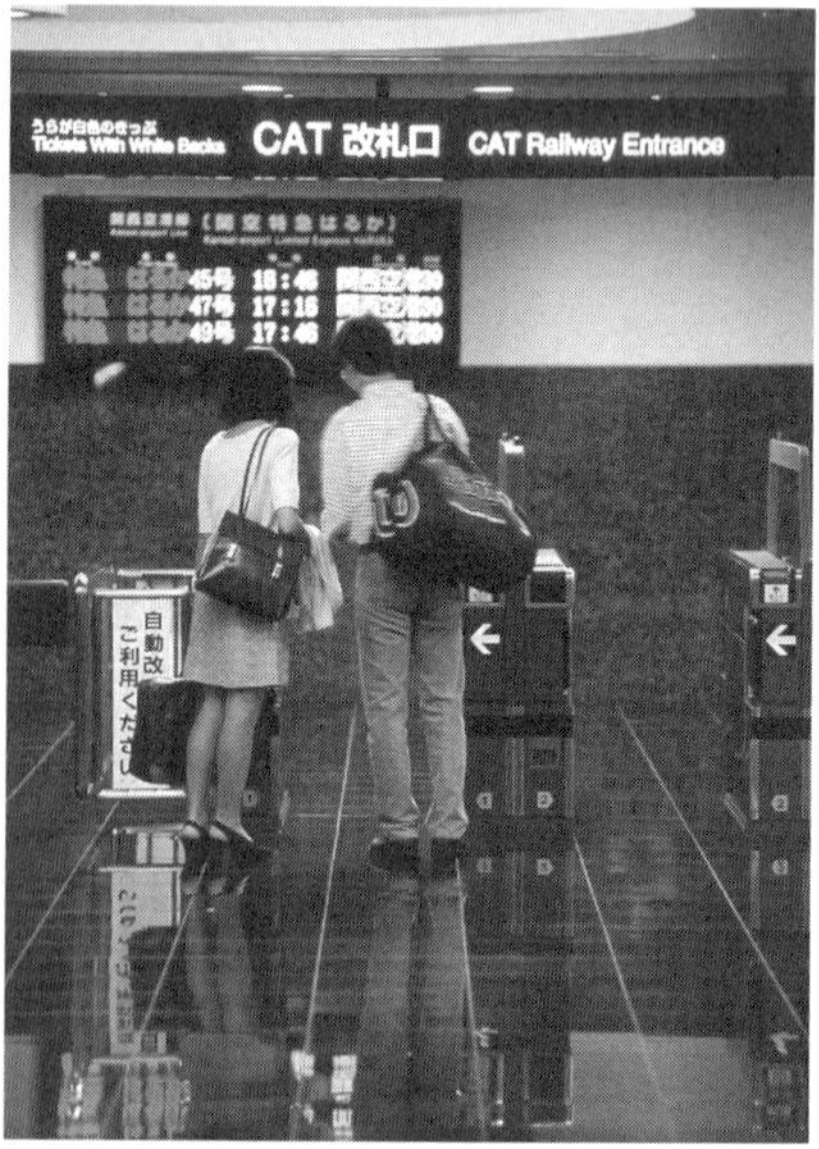

JR京都駅に設置されていたK-CAT
（京都シティエアターミナル）

ところが、1991年に成田空港のターミナルビルに鉄道アクセスが乗り入れると、T-CATに大きな影響が出た。リムジンバスは首都高速湾岸線の渋滞に巻き込まれる頻度が次第に高まっていたのに対して、鉄道は渋滞もなく、到着時間を読めるためだ。しかも、京成電鉄は「スカイライナー」以外にも沿線や都営地下鉄浅草線からの利用者も取り込み、「成田エクスプレス」は運転区間を各方面に広げたことから、利用者は次第に鉄道にシフトした。リムジンバスは運行便数を減らしたが、チェックインを行う航空会社も効率の悪さを理由に撤収しはじめた。

そして決定的なダメージは、２００１年にアメリカ・ニューヨークで起きた同時多発テロだった。航空機を武器に使ってテロを起こす手法は、それまでの保安検査の常識を根底からひっくり返すもので、以前は外部の危険要因から乗客を守ればよかったのが、今度は一緒に乗り込む乗客にも危険分子が潜んでいることを考慮しなければならなくなった。乗客自身が靴の中に爆薬を仕掛けたり、液体の爆薬を持ち込んだりした例も見つかり、保安検査はまったく変わってしまったのだ。

中でもアメリカは、テロを「戦争」と位置づけ、自国内での保安検査の基準を厳しくしただけでなく、アメリカに向かうフライトにも、アメリカと同様の検査の順守を要求した。綿密な検査、ライターなどの火器類、危険物の発見などに加えて、検査後の乗客が未検査の人間と接触する可能性の排除も求めたのである。

検査を終えた乗客が乗車するリムジンバスの車両は一般用とは隔離され、空港到着後も係員に誘導されて出国エリアに直行する体制にはなったものの、途中で何者かと接触する可能性は否定できない。リスクを完全に排除するには輸送手段の構造的な変更が必要になるが、専用軌道を走行する鉄道と違って、一般道路を走行するバスでは事実上難しい。

その結果、T-CATは新基準による保安検査体制の構築を諦め、2002年に搭乗手続きと出国審査業務を中止し、以降は単なるバスターミナルになってしまっている。

幻の「東京駅チェックイン」

東京駅でも、「鉄道駅でのチェックイン」が俎上に載せられたことがある。1991年、「成田エクスプレス」が運転を始めるにあたり、運輸省（当時）の音頭でJR東日本とJAL、ANAが会合を開き、搭乗手続きの可能性を検討した。

運輸省から提示された構想の目的は、成田空港の混雑緩和だった。当時ターミナルが1棟しかない（第2ターミナルは1992年供用開始）成田の混雑が深刻になったことから、利用者の空港での滞在時間を減らすとともに、事前に人と手荷物を分離させて、混雑を緩和させようと考えたのである。そこで、「T-CAT」同様、「航空会社が東京駅で搭乗手続きを行い、受け付けた手荷物は「成田エクスプレス」に連結する専用コンテナ車両で運搬する」ことで、1990年末に合意した。

しかし、具体的な手順や分担を話し合うと、航空会社とJRの意見は大きく分かれた。深い地下ホームへの移送、積み込み作業、作業の安全確保と責任、航空会社への引き渡し確認など、多様な課題が浮かび上がったのである。

航空会社は、「東京駅で行われることだから、受付後の業務はすべてJR東日本で行ってもらいたい」と主張したのに対し、JR東日本は「搭乗手続きは航空会社のサービスの一環であり、作業もすべて航空会社がやるべきだ」と反論した。手荷物の積み込み作業ひとつを取っても、JR東日本は「荷物の搭載の終わったコンテナ車両を空港まで輸送するのはこちらでやっても良いが、預かった個々の荷物は航空会社の管理下にあり、積み込み作業はできない」とするのに対し、航空会社は「東京駅の構内であり、駅の施設・設備と車両を使って、JR東日本以外の人間が作業をやるわけにはいかない」と主張した。

経費の負担でも意見は割れた。運搬・積み込み作業にかかる人件費のほかに、専用コンテナ車両の製作に数億円、搭乗手続きの受付業務に乗客1人当たり5000～3万円が見込まれるため、費用の分担が課題になった。発案者だった運輸省は、経費は利用者に負担させようとしたが、JR東日本は「運賃・料金以外に、別の料金を徴収するのはイメージダウンになる」、航空会社側は「1人1000円程度ではコストも賄えない」と反対した。もともと目的は、「成田空港の混雑緩和」であり、話を持ちかけられたJR東日本、JAL、ANAのいずれも当事者意識が希薄だったのだ。

しかも、一番の問題は、JR東日本側にメリットが少ないのに対して、手荷物の紛失や積載している列車の遅延などリスクが大きいことだった。通常の輸送であれば、破損や紛失、遅延の場合は該当の荷物に対する補償で済むが、航空旅客の場合は、荷物のトラブルで予約便に搭乗できないと、旅客の旅行に対する責任・補償問題に発展する。

困った運輸省は、経験とノウハウのある「T-CAT」に運用を委託し、費用を両者で分担する案を提案したが、最終的に当事者の合意を得るには至らなかった。

だが、これらの課題は程度の問題はあれ、どこの国でも浮かび上がるものである。実施に移すためには、「空港アクセスは国家的課題」との認識が必要で、国がそれなりの覚悟をもって体制づくりと事業者間の調整に乗り出さなければ、進展しないだろう。

列車内での航空チェックイン

海外で導入が進む「インタウン・チェックイン」。これを上回るサービスは、アクセス列車内で行う「イントレイン・チェックイン」しかない。乗車時間の長さを逆手に取ったものだが、利用者の負担を減らせる。米国のコンチネンタル航空（現・ユナイテッド航空）が1989年に日本に初めて就航した折には、都内の主要ホテル（複数）から32人乗りの専用アクセスバスを成田空港まで走らせ、車内でスタッフがチェックイン業務を行ったことがある。これを列車内でできないものだろうか。

搭乗手続きの機械化、自動化が年を追うごとに進み、空港の自動チェックイン機の設置数が大幅に増えた。さらに、国内線では自宅のパソコンで搭乗手続きができるし、昨今では預託手荷物のチェックイン機の設置も始まった。スタッフと対面しなくとも手続きが可能ということは、場所を問わないということだ。要はＩＴをいかに活用するかである。

空港には「先進的イメージ」が大切だ。海外のあと追いではなく、さらに先を行くシステムの開発が望まれる。

空港を近づけるためにも騒音を減らせ

航空旅客の負担になっている空港アクセスについて、いろいろと記述してきたが、根本的には、空港が都市から遠いことが原因である。空港が都市から遠ざけられる最大の理由は、航空機の騒音だ。

１９６０年代に日本に導入された第1世代のジェット機の騒音は「爆音」に近かった。羽田空港を離陸する時の爆音は、「バリバリバリ」と雷のような凄まじさで、空港内どころか隣接する大田区にまで響いていた。そのために、東京都内からの「退去」を要請されて、ジェット機を使用する国際線は成田に移転したのだが、空港周辺に民家が迫っていた伊丹や福岡でも大変だった。

列車走行中のガード下の騒音が、100デシベル程度と言われているが、JALが使用していたマクドネル・ダグラスDC‐8‐61は、離陸時で116デシベル、着陸時で118デシベルもあった。

ジェット旅客機が騒音削減に取り組んだのが、1970年代に就航した第3世代のボーイング747ジャンボ機やエアバスA300で、近年活躍している第5世代機では、20デシベル前後も少なくなっている。最新機種のボーイング787‐8では、離陸時で88・5デシベル、着陸時で96・8デシベル程度だ。

騒音が10デシベル下がれば、体感的には半分に感じると言われるので、約20デシベル減った最新機種の騒音は、第1世代機に比べれば、周辺では理論上4分の1に下がったことになる。離着陸性能の向上で、騒音が及ぶ地域も大幅に縮小した。巨大なA380は機体の大きさに比べて騒音は大幅に小さく、滑走距離も短いことから、拍子抜けするほどだ。

一部の空港は低騒音機への導入に積極的で、旧世代機の乗り入れを禁止（伊丹など）したり、低騒音機の使用料を安く優遇（成田など）しているケースも見られるが、海外では平日と休日で騒音規制の運用を変え、休日の早朝には離着陸機を減らしている空港もある。これに対して、国内では、平日・休日を区別していない。

さらに、いくつかの空港では、防音林を利用（成田、フランクフルトなど）している。樹木は、防音効果がある反面、飛行には障害になる鳥の棲家になる危険性もあるが、敷地全体で細かく見直しをすれば、もっと騒音を減らせると思う。

一方、世の中には「誤解」もある。曰く「ジェット機はプロペラ機よりもうるさい」、曰く「飛行機の騒音は、着陸時よりも離陸時の方が大きい」などだ。だが、世界中の航空機・エンジンメーカーは騒音削減に努力し、エンジンの改良と消音器の開発が進んだことで、昨今のジェット機は、1960年代のプロペラ機よりも静かな機種も多い。

また、騒音源はエンジン以外の機体や翼から発生する「風切り音」などにもある。そのため、エンジンの出力を絞った着陸機の方が、騒音が大きいのである。そこで、JAXA（宇宙航空研究開発機構）では、機体騒音低減技術の飛行実証「FQUROH（Flight demonstration of QUiet technology to Reduce nOise from High-lift configurations：フクロウ）プロジェクト」に取り組んでいる。

エンジンの推力を絞った着陸機の騒音には、浮力を増すために広げる翼の補助翼や、飛行中には格納している車輪や脚の風切り音が作用していることを突き止めたので、メーカーと協力し、これらの雑音を減らし、鳥のフクロウのように静かに飛ぶ機体にするためのデバイスを開発する。当面の目標は2デシベル減だ。

日本では、工場や建設現場の騒音基準を70〜85デシベル以下に置いているが、航空機の騒音が同レベルに収まれば、周辺住民は空港に対してもっと寛容になるだろう。空港が近くなれば、アクセスは抜本的に改善する。航空機産業は、騒音削減のための研究開発を加速させてもらいたい。

第5章

鉄道と航空の連携で変わるネットワーク

1　インバウンドで目指す地方創生

外国人が魅かれる地方の魅力

観光庁が進めてきた外国人観光客誘致政策に、航空自由化、円安、ビザ発給条件の緩和政策、LCCの就航などの追い風が加わり、訪日外国人の数が急速に拡大している（図5-1）。2014年には1341万人、2015年上半期も過去最高だった前年の46％増となる914万人を記録。年間では1800万人に達する見込みで、2020年に設定した目標2000万人を相当前倒しで達成できる勢いだ。

だが、訪問先には偏りが見える。観光庁の2014年の調査によれば、51.4％が東京都、27.9％が大阪府、21.9％が京都府で、千葉県、神奈川県を除くと、他の地域は1割未満に過ぎない。

外国人観光客の誘致に成功した地方の例としてよく挙げられるのは、北海道ニセコを訪れるオーストラリアのスキー客だ。南半球に位置するオーストラリアは、日本と季節が反対なので、オフシーズンの夏にあたる12～3月にスキーをするために北海道に来る。以前は、カナダや欧州まで出かけるスキーヤーが多かったが、ニセコを訪れたオーストラリア人がパウダースノーに感激

図5-1　訪日外国人数の推移

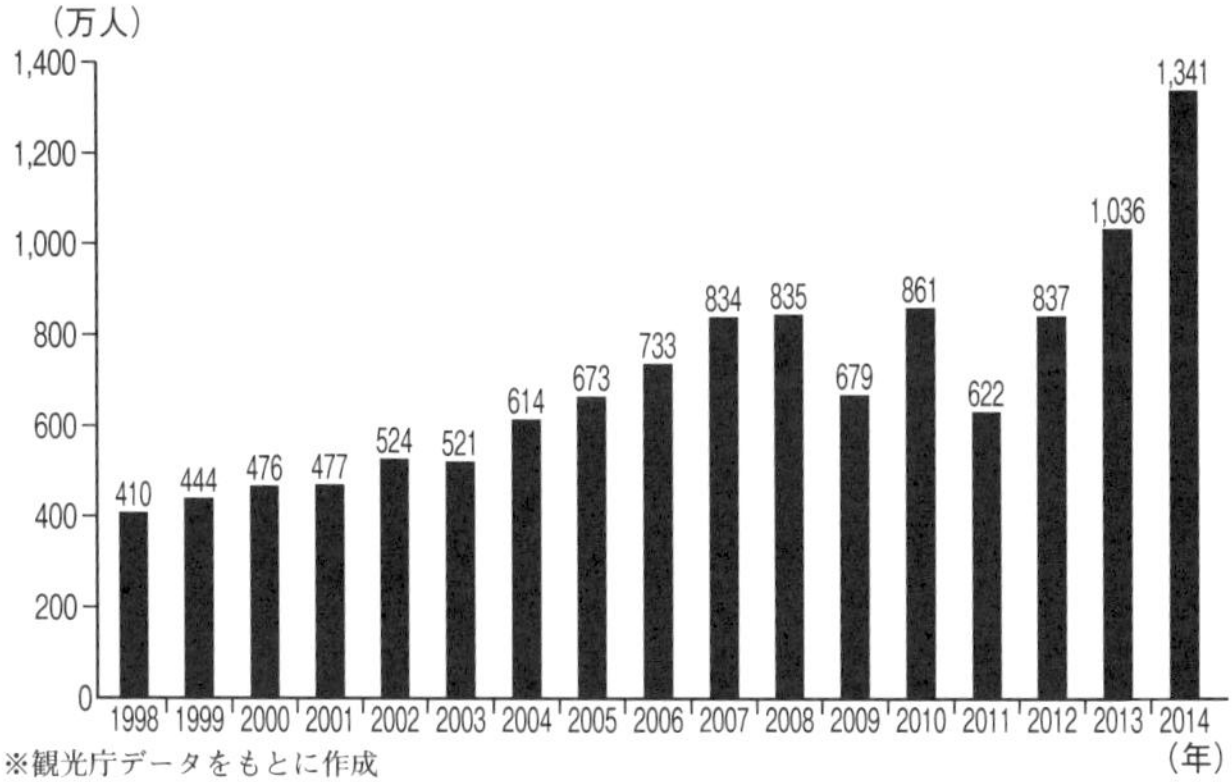

※観光庁データをもとに作成

し、口コミで広がった。オーストラリアからは、カナダや欧州に比べて飛行時間が短い上に、時差がほとんどないことも、日本が人気を集める理由のひとつのようだ。

有名誌『ナショナルジオグラフィック』でも、「日本でやるべきことトップ10」の5位に「ニセコでのスキー」がランクインしている。その理由を「最高の雪質、ヴァージンスノーを滑降する魅力」「全山で4カ所の規模の大きいスキーリゾートを有する」に加え、「温泉を楽しめる」と記している。ちなみに、２０１３年の北海道の宿泊者は１６５２万人で、そのうち外国人は１１５万人（約７%）に過ぎないが、前年からの増加分81万人に占める割合は44%（36万人）だ（北海道経済部観光局）。

ニセコ以外に、長野県の白馬、新潟県の妙高高原といった信越のスキー場も外国人スキーヤーが押し寄せている。昨今はゲレンデにいる半数が外国人という状況も珍しくなく、常連客はスキー場近くに別荘を持っているほどだという。日本人のスキー人口が減っている中、週単位で滞在する外国人スキーヤーは、地元にとっても重要な存在になった。

また、外国人宿泊者が2013年に約9600人と前年から倍増したのが兵庫県の城崎《きのさき》温泉だ。「浴衣を着て街をそぞろ歩きすることで、日本の情緒が実感できる」と、評判だという。ちなみに、近くにある竹田城跡は海外メディアに「雲海に包まれて石垣が浮かび上がったように見え、まるで天空の城だ」と紹介されたことで「東洋のマチュピチュ」とブレイクした。さらに、猿たちが温泉に浸かる様子を見ることができる長野県北部の地獄谷野猿公苑も、外国人の人気を集めている。海外では野生の猿が珍しいそうで、「人を恐れずに温泉でくつろぐ姿に癒される」と、世界中からカメラを持った観光客が鉄道やバスを乗り継いで信州の山奥までやってくる。

一方、JTB総合研究所の調査（2014年3月31日発表）によれば、約6割の外国人が「日本で地域の人々とのコミュニケーションを楽しみたい」と回答している。日本人の印象を「とても親切」と感じており、その比率は、大都市では48・1％だが、地方では72・1％に達している。

また体験したいものとして、花見、祭り、正月だけでなく、地域の盆踊り、和風の結婚式、豆まきなど、日本人の生活習慣に根ざした行事にも関心が高いことがうかがえる。空港で訪日外国人に、来訪目的をインタビューするテレビの高視聴率番組「ＹＯＵは何しに日本へ？」（テレビ東京系）の題材が事欠かないほど、日本には彼らを感動させる風景や体験がたくさんある。

人口減少を補う波及効果

訪日外国人の大幅増加に伴って期待が高まっているのが、日本経済への波及効果と地方の活性化だ。観光庁は、２０１４年度に訪日外国人が日本で消費した金額を約２兆３０５億円と推計している。その効果は、運輸・観光業にとどまらず、日用品、食料品、医薬品、電化製品、精密機器などさまざまな業界に表れている。

それは、地域研究でも明らかになった。２０００〜２００９年度に日本交通公社と釧路公立大学地域経済研究センターが行った共同調査によれば、２０００年度に北海道の釧路地域を訪れた来訪者は１３１万人で、６４６億円の消費があり、同地域に直接経済効果５５５億円と５５００人の雇用をもたらした。

その経済波及効果を産業別に解析したのが、北海道大学公共政策大学院の小磯修二特任教授だ。最も大きかったのは、宿泊施設（２５５億円）で、２位は飲食店（86億円）だが、３位に商業

（66億円）、4位に金融・保険・不動産業（63億円）、5位に漁業（48億円）、6位に貸自動車業（47億円）、7位に道路旅客輸送業（39億円）、8位に飲料業と電力・ガス・水道業（ともに26億円）、10位に牧畜・肉・酪農業（19億円）、11位が農業、水産食料品、娯楽サービス業の3業でともに15億円と、効果があらゆる産業に及んでいることが証明された。ちなみに、鉄道は12億円だった（『釧路地域における観光消費の経済波及効果調査研究の実践から』）。

一方、2015年6月に開催された観光立国推進閣僚会議では、2020年に訪日外国人が2000万人に達する段階で、外国人旅行者の消費額を約4兆円に倍増させる行動計画をまとめている。計画の柱のひとつが地方での免税品店の拡大で、三大都市圏以外の店舗数を現在の約6000店舗から2017年には1万2000店規模に、2020年には2万店規模に増やす。

観光庁の2012年の試算によれば、国内でも、海外からでも、観光客が増えれば、地域における定住人口の減少を補うことができると言う。日本の定住人口は1億2805万人、1人当たりの年間消費額は121万円である。一方、2012年の訪日外国人は836万人で、旅行消費額は1・3兆円。従って、定住人口1名の減少を訪日外国人約8人分で賄えることになる。

そして、日本リサーチ総合研究所が2014年2月に発表したレポート『期待集まる外国人観光客の消費』によれば、「外国人客の消費は、老年人口の減少が他地域よりも早く訪れる地域で大きな効果が期待される」という。なぜならば、これらの地域での人口１００人当たりの訪日外国人数は７・４人で、これが東京都の40人、京都府の80人レベルにまで増加すれば、当該地域における観光関連産業（小売業、宿泊・飲料サービス業）の販売額を東京都レベルで５％、京都府レベルで11％押し上げる効果が見込まれるからだ。訪日外国人の拡大は、運輸観光業への経済効果を高め、地方創生に役立つのだ。

国も進める地方への拡大

国も波及効果を地方に広げ、地方創生の一助に活用するよう、２０１４年6月の観光立国推進閣僚会議では、「観光立国実現に向けたアクション・プログラム２０１４」の施策をまとめた。すでに、東京都内のホテルは訪日外国人の宿泊で飽和状態が続いており、東京～富士山～京都～大阪の「ゴールデンルート」に集中する観光客を分散できないと、３０００万人誘致どころか２０００万人の達成も難しいからだ。具体的には、①「２０２０年東京オリンピック・パラリンピック」を見据えた観光振興、②インバウンドの飛躍的拡大に向けた取り組み、③ビザ要件の緩和など訪日旅行の容易化、④世界に通用する魅力ある観光地域づくり、⑤外国人旅行者の受入環境整備、⑥ＭＩＣＥ（Meeting：会議・研修・セミナー、Incentive tour：報奨・招待旅行、Convention

またはConference：大会・学会・国際会議、Exhibition：展示会）の誘致・開催促進と外国人ビジネス客の取り込み、などだ。この方針に沿って、アジア主要国に対するビザの発給条件の緩和や免除を進めているほか、地方空港の入国管理体制の拡充、外国人向けの消費税免税制度の対象商品の拡大、免税品店の地方への拡大を打ち出した。

そして2015年6月にまとめられた「アクション・プログラム2015」では、「地方創生に資する観光地域づくり」が盛り込まれるなど、観光客を地方へ分散させようとしている。時期を同じくして、国交省は外国人観光客の地方への分散を図るため、複数の観光地を外国人にも分かりやすいテーマやストーリーでまとめた「広域観光周遊ルート」を、7地域に認めた。認定されたのは、「アジアの宝　悠久の自然美への道　ひがし北・海・道」（北海道）、「日本の奥の院・東北探訪ルート」（東北）、「昇龍道」（中部）、「美の伝説」（関西）、「せとうち・海の道」（瀬戸内）、「スピリチュアルな島～四国遍路～」（四国）、「温泉アイランド九州　広域観光周遊ルート」（九州）。「昇龍道」は、縁起が良いとされる中国の「昇龍」を意識したもので、愛知・静岡・岐阜・三重・福井・石川・富山・長野・滋賀県を南から北に縦断するルートだ。

また、日系航空会社も羽田空港国際線発着枠拡大で海外から地方都市への乗り換えが容易になったこともあり、訪日外国人の地方への輸送に力を入れている。JAL、ANAともに、訪日外国人向けに国内線2～5区間を利用する時にはどの区間でも1万3000円、アライアンス加盟各社便で日本に渡航する場合は国内線1～5区間をどの区間でも1万円（JALは東北のみ5000円）に設定している（消費税別）。

特に航空分野では、昨今急速に拡大しているLCCの貢献度が大きい。円安も追い風となり、「1度行ってみようか」と日本を訪れた結果、「見どころは多いし、街は清潔で、買い物は楽しく、食事は美味しい。そして人々も親切」と、リピーターになる旅行者も多い。LCCの安い運賃があるからこそ、何度も訪日することができる。

ちなみに、最近LCC利用者の中には、台湾から那覇に来て、美容室でカットしてもらって帰るような例も見られるそうだ。

JRでも地方の観光地に向かう訪日外国人が増加し、新幹線（「のぞみ」「みずほ」除く）・特急が乗り放題のジャパンレールパスの販売が好調。2014年度の販売枚数は前年比7割増の17万枚だという。

地方拡大のネックは旅行手配

外国人観光客は、東京や京都・大阪以外の地方へも行ってみたいと思いながらも、障壁に阻まれて諦めるケースが多い。訪日リピーターの多い台湾人観光客（76・7%）を調査した日本交通公社によると、地方旅行の願望は強いものの、交通の手配が面倒であることや、移動時間の長さがネックになっている（「アジアFITマーケットの現況」日本交通公社『観光文化』第219号）と言う。

こうした課題を解決できた例として注目されるのが、外国人用に販売されている手軽な企画乗車券だ。東武鉄道は日光観光用に、浅草から下今市までの往復乗車券とフリー区間の列車とバスのきっぷを組み合わせた「東武鉄道ディスカウントパス」（2日間：2670円、4日間：4520円）を、京成電鉄は「スカイライナー」の乗車券と東京メトロ、都営地下鉄のフリーきっぷをセットにした「京成スカイライナー&東京サブウェイチケット」を販売し、好評を得ている。

また、JR東日本グループは2014年冬期、新潟県のGALA湯沢スキー場での「雪遊びキャンペーン」を台湾の旅行会社6社と提携して展開。新幹線の往復乗車券とスキー場のゴンドラ券、雪遊びやスキー道具のレンタル券をセットにした旅行商品を企画・販売し、広告宣伝を行った。このキャンペーンは功を奏し、同スキー場を訪れた外国人の3割を台湾人が占めたそうだ（前掲「アジアFITマーケットの現況」）。

台湾人は、来日経験が多い（4～9回が27・1%、10回以上が19・1%。2014年度観光庁調査）にもかかわらず、個人パッケージツアーの利用が多いのが特徴（16・1％）だ。その理由のひとつには、ＪＡＬパックの現地子会社などが豊富な訪日パッケージツアーを企画・販売していることが挙げられる。「旅行手配の煩雑さを省き」ながら、「希望する目的地を選択できる」ため、好評を博しているという。

以前から訪日外国人ツアーに力を入れているＪＴＢグローバルマーケティング＆トラベルは、定番の訪日外国人向けパッケージブランド「サンライズツアー」に加えて、近年はリピーターを意識した体験型ツアー「エクスペリエンスジャパン」を展開して好評を得ている。「サンライズツアー」ではＪＡＬと連携してメニューを国内地方路線に広げた「ＪＡＬスペシャルパッケージ」（例「ベストヒット道東4日間」など）、「エクスペリエンスジャパン」ではアクティビティツアー（例「寿司作り体験と築地場外市場見学」「忍者体験ツアー／侍体験ツアー」など）を加えた結果、2014年1～10月の両ブランドの利用者が前年比41・5％増となった。

また、国土の狭いシンガポールからの訪日客向けに北海道でドライブを楽しんでもらうツアーを販売し、国際免許の書き換え手続きや、伴走車での見守りなどで好評を得ている旅行会社もあるようだ。

このように、訪日外国人に地方へ行ってもらうには、交通機関の分かりやすさ、手配の簡素化が必要であり、外国人が馴れない日本で交通機関を手配する手間を省くには、航空と鉄道の連携が有効な鍵になりそうだ。

2 「連携」で以遠圏の利用者をいかに増やすか

競合で「選択の構図」になった

交通基盤整備の原点は、国土の整備計画だ。日本全体の国づくりの基本となる国土総合開発法は1950年に制定され、それに基づき1954年から「全国総合開発計画」が始まった（2005年に「国土形成計画法」に改正）。約10年の長さで国土の利用、開発、保全計画が立てられ、都市、住宅、交通基盤など社会資本の方向づけがなされる。

当初は全国で画一的な計画だったのだが、地域間で発展の格差が目立つようになった。1960年には池田内閣の「国民所得倍増計画」に裏づけされた「太平洋ベルト地帯構想」が打ち出されたが、地方からの反発が強く、1961年には、「地域間の均衡ある発展」に修正される。

「画一的開発」の端的な例が、一時期問題になった「三点セット」だ。需要の大きな地域には、新幹線、空港、高速道路の3点がセットで作られ、「均衡のある国土」に寄与していたが、市場規模が東京、大阪ほど大きくない地域で三点が整備されると供給が需要を上回るようになり、いずれの輸送モードも採算が取れなくなるだけでなく、整備地域から外れた地域はサービスの回数が減ったり、路線が廃止されて、交通の過疎に苦しむことになった。さらに、経済成長が低成長になって投資資金が枯渇し、「人口減少時代」に突入すると、国も投資の絞り込みを強いられ、「画一的開発」による国土全体のレベルアップを諦めた。２０１０～２０１５年の五全総（第五次全国総合開発計画）にあたる整備計画は、「21世紀の国土のグランドデザイン」と称され、副題に「地域の自立の促進と美しい国土の創造」を掲げ、「多軸型国土構造」を目指している。

しかし現実は、投資先の選択と集中による合理化にほかならない。開発を進める一方で、維持ができなくなるインフラの切り捨てが始まったのである。新幹線を整備することによって並行在来線を第三セクターに移したり、拠点空港の財政建て直しを優先し、近隣空港の使用に制限をかけるなどだ。

国の開発の姿勢は、優先度をつけた「選択」になった。「選択」された地域はスポットライトを浴びて発展するが、スポットライトの裏側になった地域はマイナスの影響を被る。新幹線の開業に伴い、地域に移管された第三セクター鉄道を見ても、国の補助金を活用したり、ＪＲの協力を得てサービスが向上しているケースも一部に見られるが、路線を維持するために地域の負担は重くなり、列車の本数が削減されるなど利便性が低下しているところも少なくない。

特色ある地域として発展するどころか、利便性の格差はますます広がり、人口は大都市に集中し、過疎地では「限界集落」（65歳以上の高齢者の割合が50％を超え、地域社会としての維持が困難な集落）が現実になろうとしている。航空も同様だ。たとえば北海道では札幌（新千歳）～東京（羽田）路線への集中が進み、その他の地方路線はかえって不便になりつつある。このままの状況が続けば、航空には地方空港の廃港が、鉄道にはローカル線の廃線が増えそうだ。

特に航空分野における国交省の見通しでは、国内輸送の将来は厳しい。２０１０年度に発表された将来予測によれば、日本の人口減少、高齢化、新幹線の延伸などによって、２０２２年度の旅客数は、２０１０年度比で、上位ケースで横ばい（１００％）、中位ケースで95％、下位ケースで89％と減少を予測している。

しかし、航空自由化、ＬＣＣの参入で、輸送分野においては価格破壊が起こり、国内輸送は大幅に伸びるなど、時代の変化や外的要因によって、交通を取り巻く環境には大きな変化が起きている。アメリカでは航空自由化以降の10年間で、国内航空の輸送量は3倍に増えた。もちろん、新幹線網が充実している日本で同様の伸びを期待することはできないが、２０１２年に国内に誕生したＬＣＣによって新たな需要が相当掘り起こされることは確かだ。

さらに、２００９年度には６７９万人に過ぎなかった訪日外国人数が急拡大し、２０１４年は

1341万人を記録したばかりか、2020年を目標にしている年間2000万人の達成が早まりそうな状況だ。海外からの観光客が増加すれば、国内航空旅客が増加するのは自明の理であり、2012年以降の観点に立脚するならば、「良くて横ばい」との国交省の見通しは、あまりにも「過小」だったのではないだろうか。

同時に、縦割りだった輸送領域が崩れ始めた。かつての航空運賃は「定額」であり、国鉄グリーン車並みの相場で販売されていたが、航空自由化以降の運賃は複数・変動運賃になった。乗客単位で見ると採算割れとも言える運賃で販売されることもある。一方で、定額制を維持している鉄道は、「関空〜鹿児島線1980円」などのLCC運賃を見守るしか術はないが、海外からのLCC利用客増加の恩恵を受け、輸送量を相当増やしている。国際「航空」の活況が国内「鉄道」に好影響を及ぼすなど、意図しなかった部分でも、航空と鉄道の連携は始まっている。

これからの日本の交通を活性化し国の活力を取り戻すには、各輸送モードが特徴を活かしながら、連携によって新たな利便性を生み出すことが求められる。訪日外国人を例にとれば、島国日本を訪れ、短い滞在期間に多くの観光地を回るには航空を利用し、地域内の移動に鉄道を使うので、両モードのコラボが有効だ。訪日のための航空券の購入サイトで、国内鉄道の情報や優待チケットの販売を行えば、旅客の旅行プランは格段に充実する。また、国内旅行で航空と鉄道が連携し、目的地までの所要時間が半日短縮できれば、新たな需要を引き出せる。

縦割り発想のままで、需要の少ない地域に新たな空港を作ったり、新幹線を通すような「巨額な投資による新規の開発」を行う余裕はない。「航空と鉄道の連携」の発想を積極的に導入し、線路をつなぎ変えたり、短距離の鉄路を敷くなど、「既存の投資を改良する」ことが重要である。次項から、ヒトとモノの流れを活性化させる提案をしてみたい。

空港空白県を鉄道で解消せよ

日本には97もの空港が存在する。都道府県の数は47なので、平均して各県に約2つの空港がある勘定だ。ただ、山陰地方では県境を跨いでいるものの、2空港間の直線距離がわずか80㎞というケースも存在する。これは、相手方の空港の商圏に含まれる距離で、むしろ鉄道アクセスでカバーすべき距離だ。

ここまで空港が増えた原因は、1989～1990年に開催された日米構造協議にあった。当時の日本のモノづくりの国際競争力は圧倒的に強く、多額の貿易黒字を使って輸出ドライブをかけてくることを恐れたアメリカは、日本に対して足元の「社会インフラ」の整備に注力することを強く求めたのだ。

その対応策のひとつとして、当時の運輸省が用意したのが、欧米と比べて人口比で少ない（欧米は自家用・スポーツ航空用の空港が格段に多い）空港の重点整備だった。具体的には、1990年時点で全国の空港にある滑走路の合計距離（総延長）160kmを5年間に36km（3000m滑走路に換算すると12本）、10年後までに70km（同23本以上）増やすと約束したのである。

ところが、空港整備特別会計で支出できる予算は、1991～1995年度の第6次空港整備5箇年計画で3兆1900億円しかない。しかも需要がひっ迫している四大都市圏の滑走路は、3000m級だと1本5000億～7000億円もかかり、4～6本（合計15～18km）しか建設できない。そこで目を付けたのが地方空港の整備だった。2500m滑走路を備えた地方空港でも300億～500億円で作れることから、需要の有無よりも建設のしやすさが優先される形で次々と着工されたのだ。また、同時に掲げられたのが「1県1空港」主義で、「空港空白県をなくす」「空港のない県からの要求を優先する」方針を打ち出した。航空会社からも「必要のない空港」と言われた空港が、次々と誕生し、メディアからも「空港乱造」との批判が高まった。

この時点で、運輸省（当時）は地方空港の必要性、位置選定、さらには全国の航空ネットワークとの整合性を考慮しておらず、バランスのとれた国の空港政策を推進する役目を見失っていた。アメリカとの約束のリミットである2000年までに完成できるか否かが重要で、市場性などを考慮せず、地方自治体から「ここならば建設可能」との見解を頼りに支援作業に終始していた。そのため、空港整備の要件を満たしていない計画を「便宜的措置」を講じて通したり、「地方政治の妥協の産物」で決定された計画を丸呑みしたケースもあった。従って、市場性に疑問符のつく空港や、「なぜこの場所なのか」と首を傾げたくなる空港もある。もちろん、鉄道との連携の観点はない。

あらゆる手段を講じて滑走路の拡充に努めたにもかかわらず目標数値は達成できなかったのだが、2000年の日米協議においてアメリカは、「約束」の達成度をチェックすることはなかった。日本ではバブルが弾けており、日本経済の脅威は弱まっていたからだ。

2002年、交通政策審議会航空分科会は「地方空港の整備はおおむね完了した」との判断を掲げるとともに、今後の新設・滑走路延長について「必要性の十分な検証、候補地選定、施設、空域等の空港計画の十分な吟味、概算事業費の精査や費用対効果分析の徹底等を行って、真に必要かつ有用なものに限って事業化する」との方向性を示した。裏返せば、それまでは、「必要性の不十分、あるいは無用な空港・滑走路延長も整備してきた」ということだ。

この時点で、百里（茨城）、能登、静岡、神戸空港の工事はヤマ場を迎えていたが、1996年から始まる第7次空港整備計画で採択されていた「びわこ空港」「播磨空港」「小笠原空港」の着工が止まったほか、「高知の中村空港」「北海道14番目の民間空港」とうたっていた構想なども、検討が打ち切られた。

結果として、空港の位置・規模を含めて、検討が不十分なまま着工された空港もある一方で、空港整備の方針の変更による需要の見直しや、空港ネットワークの整理は行われていない。今後の国づくりの中で、空港、新幹線、高速道路は、「高速交通機関」として一元的に検討・整備すべきだと考える。

3　航空と鉄道の連携への具体的提案

新千歳空港プラス特急のネットワーク

北海道は、1960年頃までは首都圏から遠い存在だった。1951年に羽田〜千歳間（その後、三沢に寄港）にJAL便が就航（運航はノースウエスト航空に委託）し、プロペラ機が2時間50分（千歳発は2時間35分）で飛んでいたが、運賃は片道で8500円。1953年の東大の授業料が年間8000円の時代だったので、利用できるのは一部の富裕層だった。

1950年代後半には大型機が導入されて運賃も下がり、1960年代からジェット機が就航するようになって時間短縮も進み、ようやくビジネス客（管理職層中心）も利用するようになった。また、１９５8年には上野～青森間に国鉄の特急「はつかり」が登場したが、青函連絡船、函館本線の急行を乗り継いでも札幌までは1日近くを要していた。

１９７０年代の国内航空は、日本の高度経済成長とジャンボ機に象徴される大量輸送時代の到来により、輸送コストが下がり、運賃が引き下げられるという好循環を繰り返した。航空は観光にも利用されるようになってすそ野が広がり、首都圏～北海道間の航空旅客が急増した。

この変化に対応したのが、当時の国鉄北海道総局だ。青函連絡船の発着する函館中心になっていた特急列車のダイヤを、１９８０年に札幌中心に組み替えるとともに、千歳空港の旧ターミナルビルそばを走る千歳線に「千歳空港駅」（現：南千歳駅）を開設し、特急列車も停めることにした。これは、北海道の正面玄関を、函館から千歳空港に置き代えるという重大な決断だった。

ここでいったん、新千歳空港の経緯を振り返っておく。北海道最大の航空拠点となった同空港の歴史は、１９２６年に千歳村民の労働奉仕で作られた幅10m、長さ２２０mの滑走路で開設された千歳飛行場に始まる。１９３９年に海軍航空基地になって滑走路は１２００mが2本になり、戦後はアメリカ空軍に接収されて敷地面積が１０５０ヘクタール、滑走路は２７００mに拡張される。１９５1年には民間航空が再開、１９５９年にはアメリカ空軍から日本に返還されて防衛庁の管理下に置かれた。航空自衛隊千歳基地の一部に空港のターミナルビルが設置され、基地の滑走路を借りて民間便が運航されるという状況がしばらく続く。１９７０年代には、航空の利用も増えたために国が空港を整備することになり、基地西側の隣接地に2本の３０００m滑走路とターミナルビルを建設することになった。

そして１９８８年に新千歳空港が開港。ターミナルビルの地下には新千歳空港駅が作られ、千歳空港駅は南千歳駅に改称される。

現在の新千歳空港には国内27都市からの直行便と海外11都市からの定期路線が乗り入れ、乗降客は年間１９５３万人（国内線１７８３万人、国際線１７０万人。２０１４年度）で、国内4位（地方空港では2位）の実績を誇る日本有数の空港となった。北海道の社会経済を支える重要なインフラだ。中でも、新千歳〜羽田線は旅客数国内1位（２０１４年は８８６万人）と世界でもトップクラスの多客路線で、ほかにも関空、成田、中部から年間１００万人を超える旅客が押し寄せる、文字どおり、北海道の玄関口になっている。ただ、昨今の利用が思うように伸びているわけではない。２００6年、年間乗降客が3年ぶりに１８００万人の大台に乗ったものの、その後は一進一退を繰り返し、２０１3年には6年ぶりに１８００万人を突破した。

道内には13もの民間空港があるが、新千歳線に乗客を奪われて採算が取れていない空港が多く、道内空港間の路線も少ない。新千歳発着路線は運賃が安く、便数が多いためにますます旅客が集

新千歳空港のアクセスを担う快速「エアポート」

まるのだが、逆に他の空港発着路線は運賃が上がり、便数も減って、利用が低下する傾向にあるのだ。

北海道庁の交通政策においてそれぞれの空港の位置づけはあいまいであり、地域航空会社のエア・ドゥ、北海道エアシステム（JAL子会社）の将来ビジョンも明確でなく、地域と有機的に結びついているとは言い難い。それが、新千歳空港以外の空港の存在感をさらに弱めている。

一方、鉄道は主要地域に路線が敷かれているが、札幌近郊を除くと路線の長さの割に乗客数が少なく、収益性が低いことが課題となっている。つまり、航空も鉄道も、札幌・千歳地区を離れるに従って、乗客数が激減する傾向にある。

JR北海道は、1992年の新千歳空港駅の開業以降、札幌駅との間にはアクセス列車の快速「エアポート」（所要時間最速37分）を頻繁に運転し、さらに札幌以遠の旭川または小樽まで直通運転（札幌～旭川間は特急「スーパーカムイ」として運転）させて航空との接続を重視してきた。また、快速「エアポート」の停車駅である南千歳駅には、室蘭・函館方面に向かう特急「北斗」「スーパー北斗」「すずらん」、帯広・釧路方面へ向かう「スーパーおおぞら」「スーパーとかち」をすべて停車させ、空港線との乗り換えを同じホームでできるようにしている。

だが、残念ながら、このようなJR北海道の新千歳空港発着の航空旅客を意識した特急ダイヤは、利用者にほとんど浸透していない。北海道在住者、転勤者の何人かに聞いてみたが、誰も気づいていなかった。空港の到着ロビーでも、南千歳を発着する列車の案内情報を逐次表示しているものの、来道者の意識に南千歳駅の存在はなく、新千歳空港駅の次は札幌駅なのである。多くの旅行者は、まず札幌まで行って、改めて特急を探す状況だ。その背景には、利用者の「鉄道と航空は競合関係で仲が悪いので、競合相手の便宜を図るなどあり得ない」との思い込みがある。そこで、利用者の認知を広げるためにも新千歳空港駅を「始発駅に格上げ」することを提案したい。

具体的には、札幌始発稚内行きの「スーパー宗谷」「サロベツ」を、新千歳空港まで延長する。そして南千歳を経由している帯広行き「スーパーとかち」、釧路行き「スーパーおおぞら」、函館行きの「北斗」「スーパー北斗」の一部車両を新千歳空港始発にして、南千歳で札幌始発車両と連結または切り離す。また、富良野行きのリゾート列車やトマム行きの直通列車を新千歳空港始発で運行する。札幌駅は「ビジネス特急」の始発駅、新千歳空港駅は「リゾート特急」の始発駅とし、南千歳で連結・切り離しを行うイメージだ。新千歳空港に降り立った旅客が地下の新千歳空港ホームに向かうと、特急が待っている。寒風や雨雪に晒されることなく、未体験の南千歳駅での乗り換えの心配をすることもなく、目的地に直通する列車に乗れるのが理想だ。

ただ、新千歳空港駅は、現在でも到着便が重なるラッシュ時はホームが人でいっぱいになるほど混雑している。そこで、「訪日外国人2000万人時代」にもしっかりと対応できるよう、1面2線のホームを増設し、空港と札幌を結ぶ快速「エアポート」と、空港と道内主要駅を結ぶ各特急列車の発着ホームを分けることを提案したい。そうすれば、訪日外国人にとっても便利で使いやすい駅になる。

新千歳空港での航空と鉄道のコラボが軌道に乗れば、女満別《めまんべつ》空港を拠点に、空港に近い石北本線西女満別駅から知床斜里駅へ、釧路空港に近い根室本線大楽毛《おおたのしげ》駅から根室駅までの快速列車を設定することで、道東方面への交通は格段に改善される。

また、航空会社と提携して共同運行列車を走らせることも提案したい。航空会社は列車の座席の10％程度を買い上げて航空券とともに割引販売をし、ＪＲ北海道は「みどりの窓口」で航空券もあわせて販売する。両者のサイトや販売窓口で、最適の接続ダイヤ・空席を検索し、１枚のきっぷで羽田空港から富良野やトマムまで、割引運賃で搭乗・乗車できるようにするのだ。

提携は現在も一部で実施しているが、航空と鉄道の企業間で人事交流や交通系カード提携などをさらに活性化させることも重要だろう。共同広告の展開をはじめ、「みどりの窓口」でも航空会社のＷＥＢサイトでも互いのチケット・きっぷを日常的に購入できるようにしたり、空港アクセス線の割引きっぷを互いに販売したり――と、販促面でも協力すべきだ。利用者に鉄道と航空のコラボを浸透させるには、そのくらい大胆に行わなければ効果が出ない。

主に東京・名古屋・大阪～札幌間で両者が連携することで札幌以遠に向かう乗客の利便性を高め、北海道全域へのヒトやモノの流れが10％でも20％でも増える方策を講ずるべきだ。それを実現できれば、ＪＲ北海道の事業基盤はより強固になる。

「函館」新幹線プラス道内の航空ネットワーク

この案は、首都圏からの航空利用者を道内各地に運ぶ前案とは逆で、首都圏からの新幹線利用者を航空で道内各地に運ぶのが特徴だ。

北海道の有力空港である函館空港

新青森駅から青函トンネルを通って新函館北斗駅までを結ぶ北海道新幹線は、２０１６年3月に開業予定だ。東北新幹線との直通運転が始まると、現在、新幹線と特急を乗り継いで約５時間半程度を要している東京～函館間の鉄道の旅が４時間10分程度に短縮される（新幹線新駅は新函館北斗）。

仮に銀座４丁目を始点に出発すると、銀座４丁目から東京駅までは徒歩と鉄道で15分、新函館北斗～函館間17分を加えても乗車時間は約4時間40分だが、航空は両端でのアクセスの1時間を加えると2時間20分で、差は3時間15分から2時間20分ほどに縮まる。

羽田～函館線にはＪＡＬが3便、ＡＮＡが3便、エア・ドゥが2便の合計8便就航しており、年間１０７万８８２３人を輸送する全国23位（２０１４年）の高需要路線なので、近い将来にはＬＣＣの就航も期待できる。ＬＣＣは観光客の誘致に効果があり、利用者を倍増させることも夢ではない。

函館空港は函館市内までバス、タクシーで20分と近い。乗降客数は年間１７１・９万人で全国21位（２０１４年度）。北海道の中でも新千歳、旭川とともに観光客の多い有力な空港だが、純粋な民間空港であることが、自衛隊基地と隣接し国防上の制約（旧共産圏国のフライトの発着時間帯を制限など）を受ける新千歳にはない優位点だ。今後、増えることが予想される中国・ロシアとの路線で、強みになるだろう。

一方、北海道新幹線は札幌への延伸の都合で函館の中心部は通らず、約18㎞北の函館本線の現・渡島大野《おしまおおの》（開業と同時に「新函館北斗」に改称）駅に発着する。新函館北斗～五稜郭《ごりょうかく》間は電化し、所要時間17分でアクセス列車「はこだてライナー」を運転する。新函館北斗は、新幹線と在来線の乗り継ぎを同一平面上で行えるようにホームを整備し、札幌～函館間の特急「北斗」「スーパー北斗」を停車させることにした。これにより、東京から札幌までの鉄道での所要時間も縮まることになる。

北海道新幹線が開業すれば、観光客の増加だけでなく、青函連絡船の時代に北海道の玄関口だった函館の地位と繁栄を取り戻せるのではないか、という気運が高まっている。ちなみに所要時間が３時間50分の東京～秋田間は、鉄道52％に対して、航空43％、バス５％、３時間52分の東京

〜広島間は、鉄道50％、航空46％、バス4％だ（２００９年実績）。このようなデータもあるからこそ、北海道新幹線の開業により航空のシェア奪回にも期待できる。

しかし、重要なのは首都圏・東北〜函館間の交流が活発化するだけではなく、函館以遠の地域に行く人々が増えることだ。新幹線と在来線特急の接続については、すでにＪＲ北海道が対応策を進めているが、ここでは新幹線プラス道内の航空ネットワークでの集客を提案したい。

前にも述べたが、広い北海道には13もの空港があるが、函館空港からの道内路線は、北海道エアシステムによる札幌丘珠《おかだま》線、奥尻《おくしり》線と新千歳線だけだ。札幌丘珠からの道内路線は釧路線、函館線、利尻《りしり》線。主にビジネス客が利用しているが、利用者が少なく経営は恒常的に厳しい状況にある。

そこで、北海道新幹線開業で観光客やビジネス客が倍増するのを見越して、函館からの航空ネットワークを旭川、女満別、帯広、中標津《なかしべつ》に拡大し、道内各地への到達時間を短縮する。

問題は、新函館北斗駅〜函館空港間のアクセスだ。最も現実的なのは、航空を含めてダイヤを調整し、直通バスを走らせることだ。現実的には新函館北斗駅から函館まで新幹線に接続するアクセス列車「はこだてライナー」を利用し、函館駅から空港バスに乗り換えた方が早いかも知れないが、重い荷物を抱えた航空旅客にはきつい。バスの集客を増やす方策としては、途中にある湯の川温泉で宿泊客のためにワンストップすることが考えられる。ちなみに、国交省北海道開発局は２０２０年の完成をメドに、函館空港へのアクセス向上を目的とした10㎞の空港道路の建設を決定した。これによって、函館空港と函館新道、函館・江差自動車道が直結することになる。

函館が北海道の玄関口の地位を取り戻せば、道内全体の交通ネットワークが変わってくる。新千歳は、航空と道内鉄道の連携のハブ、函館は新幹線と道内航空ネットワークの連携によるハブと、２つのハブで首都圏や東北地方だけでなく、仙台、名古屋、大阪など道外主要都市と道内各地を結びつけることだ。

上越新幹線を新潟空港に引き込む

「上越新幹線を新潟空港に引き込む」アイデアは、20年以上も前から語られていたが、新潟県が２０１６年に有識者会議を立ち上げ、本格的検討に入ることになった。

東京〜新潟間を結ぶ上越新幹線は、１９８２年に大宮〜新潟間で暫定開業した。主要駅に停車する「あさひ」11往復と、各駅停車の「とき」10往復で、大宮〜上野間は「新幹線リレー号」で結んだ。３年後の１９８５年に大宮〜上野間が延伸開業し、列車は１日34往復に増えた。１９９１年には上野〜東京間が延伸開業し、列車は43往復に増強され、東京〜新潟間の所要時間は約２

時間に短縮されて、利便性が大幅に向上した。

一方、新潟空港は１９３０年に新潟市営飛行場として開港した長い歴史を持ち、１９６３年からは地方空港では稀な2本の滑走路を備える貴重な空港になった。戦後はアメリカ軍に接収されていたが１９５８年に返還され、同年に東京（羽田）便が就航した。当初はＡＮＡが30人乗りのダグラスＤＣ-3で、１９６０年代には40人乗りのフォッカーＦ27フレンドシップで2便を運航。新潟～佐渡間を富士航空が14人乗りのデ・ハビランドＤＨヘロンで4便を運航していた。新幹線開業前の航空は、東京と上越を結ぶ重要な交通手段だったのだ。

現在、国内線は6都市7路線を運航し、国際線への乗り継ぎを意識して成田との間に路線が開設されている。国際線はハバロフスク線をはじめ6路線を運航している。初の国際線となったのが、１９７３年に就航したＪＡＬとアエロフロートの共同運航によるハバロフスク線だ。日本とソビエト連邦（当時）を結ぶ数少ない路線が新潟に開設されたことが、新潟空港の位置づけを如実に表している。ここで簡単にソ連と新潟の関係について述べておこう。

当時は東西冷戦構造下にあり、日本は中国・ソ連と緊張状態にあったが、ソ連との友好関係を深めるために締結したのが、１９６６年の日ソ航空協定だった。しかし、ソ連はシベリア上空を外国機に開放していない、と日本機の飛行を拒んだ。そこで、アエロフロート機を使ったＪＡＬ

との共同運航便が１９６７年に東京～モスクワ間で始まる。１９７０年にＪＡＬ機による自主運航が認められ、１９７１年には日ソ間で２路線目となる共同運航便が東京～ハバロフスク間に開設（現在は夏季以外運休）されたのだが、ソ連側は何かと日本側に制限を加えてきた。

しかし、ソ連のハバロフスクは地方都市であり、日本の首都・東京と結ぶのではソ連側に有利過ぎるとの不満が日本側に膨らみ、東京に代わる国内の候補地選びが始まった。ソ連へのゲートとなると、日本海側の空港が望ましいが、千歳、小松、鳥取の各空港は防衛の要である自衛隊基地と共用しており、富山空港は施設が不十分であることから受け入れ態勢が整わず、結果として新潟に絞られた。

この一件で新潟は、地理上の優位性を改めて認識した。ソ連・中国に近い距離にある日本海側都市の利点と、日本海側空港の中での新潟空港の強みが浮き彫りになり、「環日本海のゲートウェイ」を掲げて、新路線の誘致活動を強化した。１９７９年にはソウル線、１９９１年にウラジオストク線（現在は夏季以外運休）、１９９８年にハルビン線が開設され、日本で少ない極東ロシア・北部中国方面へのゲートとして存在感を示すとともに、新路線の開設を縁として新潟市はハルビン、ウラジオストクと姉妹都市の提携をしている。

さて、上越新幹線の開業は新潟空港に大きな影響をもたらした。それまで在来線の特急列車

「とき」が上野～新潟間を約4時間で結んでいたところを約2時間で走れるようになったことから、航空は対抗するすべもなく東京線から完全に撤退した。また、新潟～佐渡線も高速船ジェットフォイルの就航により役割を終えた。

新潟空港はその後、鉄道との相対的競争力のある伊丹線が中心（2014年は国内線の48％）になるが、新潟の経済は関西よりも首都圏との結びつきが強いことから、旅客自体は41万人と大きな輸送量にはなっていない。ちなみに、国際線は14万人で全体の乗降客は101万人だ。

1991年に上越新幹線が東京発着となった頃から、新幹線を新潟空港に引き込むアイデアが語られるようになった。東京圏と2時間で行き来できるのであれば首都圏の航空需要を取り込むことができ、新潟空港が首都圏空港を補完できると考えたからだ。背景には、1980年代後半に羽田空港の発着容量が限界に近づき、他の空港に補完機能を求めていたこともある。

新潟空港のターミナルビルは、JR新潟駅から直線で約6・4㎞の距離にあるが、回送後の車両を収容する新潟新幹線車両センターは、もっと近い位置にある。同車両センターから約7㎞線路を延伸すれば空港地下に乗り入れられ、その建設費は約410億円（新潟県の試算）と見積もられている（図5-2）。

新潟県は、この「引き込み」の構想を固めるために、過去何回か検討会を立ち上げて議論を重

図5-2　新潟空港の鉄道系アクセスの主な検討案

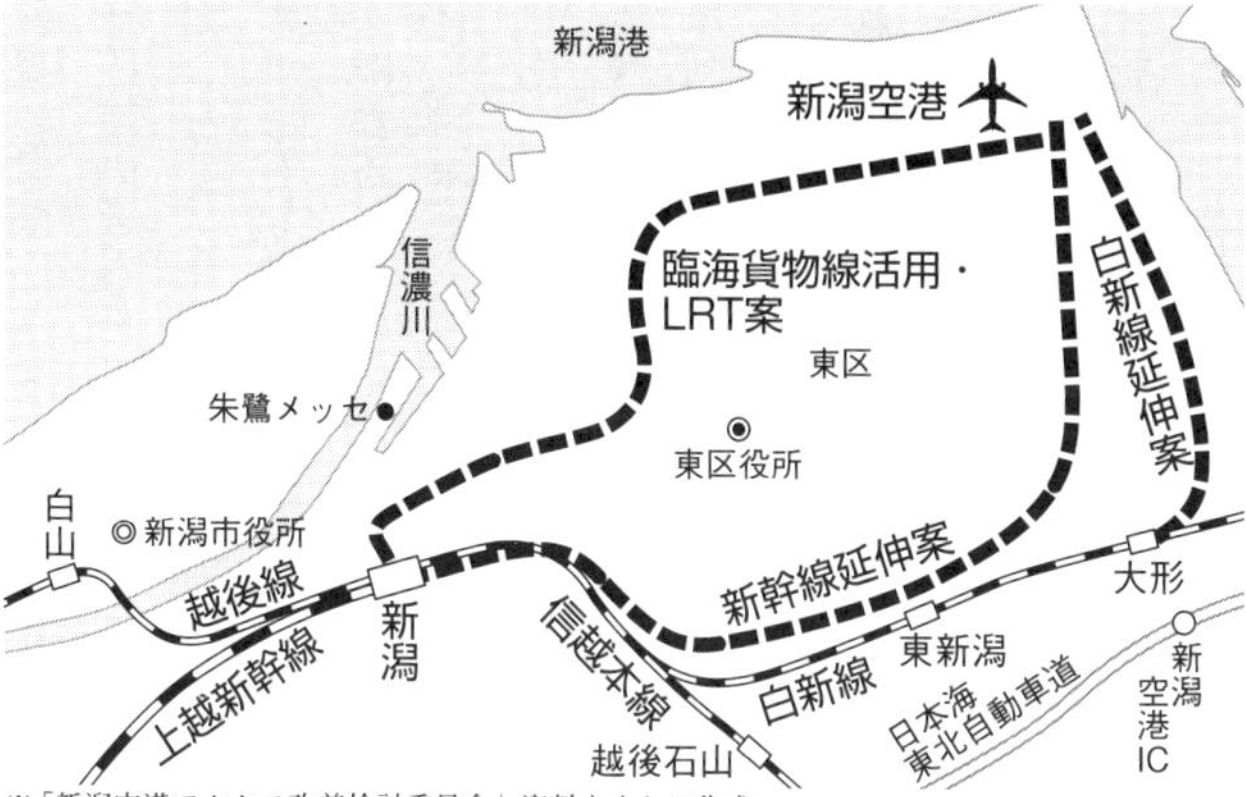

※「新潟空港アクセス改善検討委員会」資料をもとに作成

ねてきた。２００４年に新潟県知事に当選した泉田裕彦氏は、２０１２年の県知事選では公約に掲げ、当選後には、新潟を日本海側の玄関口として整備しようという「新潟ゲートウェイ構想」を打ち上げている。２０１４年には課題を整理し、陸（新幹線）、海（フェリーなど）、空（航空機）を結合する「新潟港将来構想」をまとめ、「新潟空港アクセス改善検討委員会」を開催した。

また、２０１５年の北陸新幹線の金沢開業で、上越新幹線を取り巻く環境も変わってきた。開業以前は、首都圏から北陸に向かうには上越新幹線を利用するのがほとんどだったのが、開業後は北陸新幹線に旅客が流れ、上越新幹線の高崎以北の列車本数が削減されるなど、地元には危機感が醸成された。そこで有力なテコ入れ策としてクローズアップされてきたのが、「上越新幹線の新潟空港への乗り入れ」というわけである。新潟県は、上越新幹線の引き込み案を「長期的改善策」に位置づけて、2016年から有識者会議を立ち上げ、本格的検討に入る予定だ。

ところで、2014年に国交省でまとめられた「交通政策基本計画」では「国際交通ネットワークの競争力強化」が目標のひとつに掲げられ、2020年までに首都圏空港の国際線就航都市数（88都市）をアジア主要空港並みの150都市程度に拡大する目標が設定された。同省の関連資料「国際航空に係る環境の変化等について」（2014年）によれば、韓国の仁川空港の就航都市にあって日本の首都圏空港にない都市として、中国の桂林、武漢、長沙、ウルムチ、タイのチェンマイなどが挙げられている。これらの都市に向かうビジネスマンや観光客は現在ソウル経由便を利用しているため、日本の国際競争力の低下要因になっているのだ。

ところが、首都圏空港の発着容量はひっ迫している。羽田は2014年に最終の発着枠が配分された結果、深夜早朝枠を除く日中時間帯の発着枠を使い切ってしまっており、成田でも残された枠は少ない。国は、両空港に滑走路を増設することを検討しているが、実現には10年はかかる。国交省は2020年の東京五輪時の需要増に対して東京上空の低空飛行解禁策で対応する構えだが、拡大できる便数は限られており、他の補強策も求めている。

そこで、新潟空港が中国やロシアへのゲートになって多くの便数をさばければ、首都圏空港の補完ができるというわけだ。

上越新幹線を新潟空港に引き込むアイデアは、新潟サイドでは地域・新幹線・空港の活性化のため、国では首都圏空港の発着枠の補完のため、と利害が一致する。さらに、空港空白県で、上越新幹線沿線の群馬、埼玉県民の利便性の向上にもプラスである。

新幹線の羽田空港乗り入れ

「羽田空港の目と鼻の先にあるＪＲ東海の大井車両基地からレールを延伸すれば、新幹線は空港に乗り入れられるので、便利になる」と考えるのは、筆者だけではない。

このアイデアがまじめに取り上げられたのは、２００９年に国交相を務めていた前原誠司氏が、テレビの報道番組で「品川近くにある分岐線を活用し、羽田空港まで新幹線を乗り入れるアイデアを鉄道会社に持ちかけた」と発言したからだ。現職の国交相であり、かつ鉄道に詳しい前原氏のコメントなので、「個人的な発言」として片づけられないものであった。しかし、ＪＲ東海は「東海道新幹線の線路容量と東京駅の容量不足から、現状では難しい」とコメントし、議論は深まることなく収まってしまった。

このアイデアは興味深いのだが、掘り下げてみると難題が多い割に実利が少なく、実現性は極めて低いことが分かる。まず、事前に整理しておかなければならないのが「新幹線を東京駅～羽田空港のアクセスに使うのか」「新幹線の支線として活用するのか」ということである。

アクセスとして使うには、それなりの運行頻度が必要だが、現行で使える枠は1時間に2本程度と少ないので、他の空港アクセス手段に対抗できない。しかも、16両編成の列車をそのまま使用すれば空港内に新設するホームは異常に長くなり、効率が悪い。ちなみに、山陽新幹線の博多総合車両所への回送線を活用した博多南線（博多～博多南駅間8・5㎞）で使用されている列車は8両編成だ。また、支線として活用するなら、どの新幹線に接続するかが重要な判断になる。最も自然なのは東海道新幹線だが、羽田から乗車したらお客は、東海道新幹線を横目にしながら東京駅まで戻ることになる。

もし新幹線を羽田空港に乗り入れるとしたら、最も効果的なのが、群馬・埼玉など空港のない県を通過してくる上越新幹線だろう。しかし、東海道新幹線が使用している電源の周波数は60ヘルツ（50ヘルツ地域では周波数変換装置を使用）、上越新幹線は50ヘルツなので、両方の周波数に対応できる車両が必要になる。ちなみに北陸新幹線の車両は両方の周波数に対応しているので、このような車両を上越新幹線に導入できれば、沿線住民にとってこの上ない便利な羽田空港アクセスが誕生することになる。

山梨・長野県民も望む横田基地の共用化

東京西部在住の都民や、中央線沿線の山梨、長野県の航空利用者のためには、アメリカ軍横田基地の軍民共用化が、最も効果的だ。

横田基地は東京都心から西約38㎞に位置し、都西部の福生《ふっさ》市、瑞穂《みずほ》町、武蔵村山市、羽村市、立川市、昭島市に跨るアメリカ空軍の基地で、７１４ヘクタールの敷地面積に長さ３３５０ｍの滑走路を有する（図５‐３）。滑走路は１本だがオーバーラン帯が両端に各３００ｍずつ確保され、ジャンボ機の離着陸にも耐えられる強度を有しているだけでなく、無線誘導装置ＩＬＳが両側に設置されているなど、飛行場としては高い能力を備えている。ちなみに、欧州まで飛ぶようなジャンボ機の滑走に必要な３０００ｍ超の滑走路を保有するのは、国内で成田、関空、中部だけだ。

現在、基地にはアメリカ空軍に属する約４３００人が常駐しているが、アメリカ本土とアジア一円のアメリカ空軍基地とを結ぶハブ機能（人や物資の輸送を中継・分配・集積）を中心としているので、常駐している航空機は輸送機17機、ヘリコプター４機と少ない。しかし、軍からチャーターされた民間機の飛来も多く、旅客施設もある。なお、２０１２年には航空自衛隊航空総隊司令部（約７６０名）が府中基地から移転している。

石原慎太郎元東京都知事は、以前から首都圏空港の容量が羽田と成田だけでは不十分だとの危機感を持ち、1999年の知事就任以来、横田基地の軍民共同使用、最終的には返還を掲げて実現への道を模索した。しかし、基地問題は政府の管轄事項であり日米安全保障の根幹を成す事案のため、都知事はアメリカ側と直接交渉することはできない。ところが肝心の日本政府は、安保問題全体へ波及することを恐れ、積極的に取り組む気配が見られない。

図5-3　横田基地の概略図

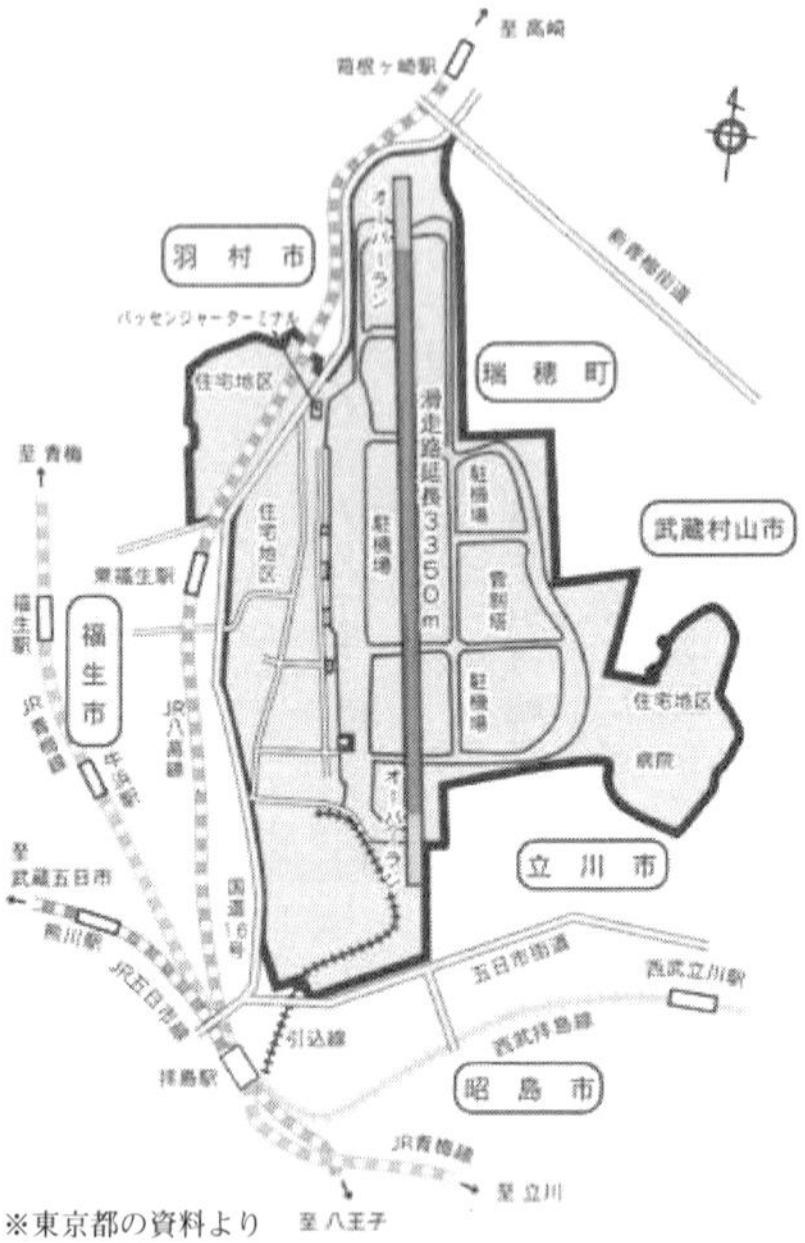

※東京都の資料より

それでも石原元知事は日米両政府や航空関係者に、果敢に働きかけてきた。その甲斐あって、2003年には当時の小泉純一郎首相とブッシュ大統領が会談で両国の検討事項にすることを認め、国内では関係省庁（内閣官房、外務省、国交省、防衛省）と都による連絡会が設置された。2012年には、当時の野田佳彦首相からオバマ大統領に共用化の検討を要請し、政府関係省庁と都による局長級会議も開催された。

都は国に対して粘り強く働きかけているが、訪日外国人が増大する２０２０年に向けて地元でも実現への運動が本格化してきている。これまでは、２００５年に結成された「横田基地軍民共用化推進協議会」が活動を行っていたが、２０１５年には、加盟団体を増やし、28の経済団体（都商工会連合会、7商工会議所、20の商工会）が参加する「多摩地域経済団体横田飛行場民間利用促進協議会」が発足した。

２００６年に統計研究会がまとめた『首都圏空港の整備利用に関する検討調査報告書』によれば、横田飛行場の旅客総需要を、２０２２年に約５６０万人と予想し、経済効果は約１６１０億円、雇用効果を約８８５０人と試算しているが、需要には、多摩地域だけでなく、後背地の山梨・長野県居住者の一部も含まれている。山梨県には空港がなく、長野県には中信地方の松本空港はあるものの、羽田への便は横田基地の空域を避けて遠回りになるため、設定できない。また、JR中央線はさらなるスピードアップが難しいため、高速交通網から取り残されている。羽田便は無理としても、成田、札幌、仙台、名古屋、大阪、福岡などまで飛べばさまざまな需要に応えられ、国際線にも乗り継げる。

地元では、騒音を懸念しているが、旅客機は軍用機と違って消音器が取り付けられている上に、小型機を使えば、短い滑走距離で十分なので、３３５０ｍの滑走路をフルに使うこともない。低騒音のプロペラ機で、騒音規制の厳しい伊丹と結べば、規制をクリアし、ジェット機とあまり変わらない飛行時間で、運用することができるだろう。

横田基地までのアクセスとしてはJR青梅線の牛浜駅、青梅・八高《はちこう》・西武拝島《はいじま》線の拝島駅、八高線の東福生駅がある。松本からの特急「スーパーあずさ」「あずさ」、甲府からの特急「かいじ」のダイヤにあわせて、八王子から八高線に空港快速を運転してもらえれば、空港アクセスとして機能するだろう。

独立国日本にアメリカの基地が未来永劫存続することはあり得ない。広い首都圏において、短いアクセス時間で空港を利用できるよう、横田を含めた3国際空港へのビジョンをそろそろ描くべきだ。

知事が本腰を入れる新幹線静岡空港駅

2009年に開港した静岡空港の真下には、東海道新幹線が走っている。ターミナルビルからエレベーターを作れば、新幹線のホームに降りられるような位置関係だ。まるで、計画段階から、東海道新幹線との連携を念頭に入れて建設されたような空港なのだが、今のところ、両者の歩み寄りはまったく見られない。

ターミナルビル直下を新幹線が走っている静岡空港

下りの「ひかり」が静岡駅を出発し、約12分間走ると大井川の鉄橋に差しかかる。橋を渡ってひと息ついて第一高尾山トンネルに入るが、静岡空港はその上の牧之原台地に作られた。滑走路の長さは、中距離ジェット機を運用できる2500ｍだ。

1995年に県がまとめた需要予測によれば、新千歳、松山、高知、福岡、熊本、鹿児島、那覇の7路線に毎日中小型ジェット旅客機が22便就航し、年間178万人の乗客が乗降する見込みだった。だが、現実には、就航を希望するエアラインがなかなか現れず、県は2000年に予測をやり直して121万～128万人に、2003年には国内線106万人、国際線32万人に再々修正された。

結局、開港年に就航したのは、JALが新千歳を1便、福岡を3便、ANAが新千歳を1便、那覇を1便、フジドリームが小松を2便、熊本、鹿児島を各1便、国際線は大韓航空とアシアナ航空がソウルを各1便だった。しかし、JALは自社の経営危機で翌年春に全面撤退し、フジドリームは搭乗率の振るわない小松、熊本便など自社路線を縮小して、JALの路線を継承した。それでも、開港翌年度の乗降客は国内線35万人、国際線24万人の合計59万人にとどまった。

静岡空港駅の建設構想は、空港の位置が決定した1980年代から唱えられていた。東海道新幹線をアクセスに使えば、神奈川県や静岡県などの住民が空港を利用しやすくなり、静岡空港に降り立つ旅客も目的地に向かいやすくなるからだ。リニア中央新幹線が完成すれば東海道新幹線に余力が生まれ、地域内輸送を取り込む余地が増えるという推測も背景にある。

1989年9月に市民団体「静岡空港と地域開発を考える会」が、リニア中央新幹線の完成後に静岡空港駅を設置することを提案する。同時期に斉藤滋与史知事（当時）が、地元町村と基礎調査を行う方針を表明し、新駅建設案として1992年6月に、空港直下のトンネル内、トンネル出口の地上案など4案を発表する。

1993年には石川嘉延知事（当時）が調査委員会を設置するとともに、新駅設置の影響を調べる方針を表明。これに対して、1994年7月にJR東海の須田寛社長（当時）が、「現状の新幹線に新たな駅を設置することは困難。ただし、リニア中央新幹線完成後には新駅を作る可能性はあるかも知れない」と言及する。１９９８年に県と地元の市町、民間経済団体が期成同盟会を結成し、トンネル出口の半地下駅構想を打ち出す。

２０００年に県の有識者会議が、知事に「空港直下案が最適」との意見を提出するが、ＪＲ東海は県に「設置は不可能。地元に誤解を与えないようにしていただきたい」と文書で通知をしたこともあって、誘致活動は下火になる（経緯は『静岡新聞』２００１年12月４日付夕刊「静岡空港新幹線新駅。県の構想再燃」記事参照）。

しかも、ホームや駅舎を地下に建設するのは工事費が嵩むだけでなく、時速３００㎞近い新幹線を走行させながら工事を行うことは危険なので、必然的に施設はトンネルの外になる。

再び新駅構想が熱を帯びてきたのは、２００９年に就任した川勝平太県知事が、空港と地域活性化の切り札として、持ち出したからだ。２０１０年に開かれた空港に関する有識者会議のまとめの席上で、川勝知事は新駅構想に言及した。そして、前原誠司国交大臣（当時）と太田昭宏国交大臣に「首都圏空港としての活用」を直訴した。

地元では政財界による署名収集の準備委員会が発足して再び誘致活動が始まったが、同年に国交省交通政策審議会の小委員会がリニア中央新幹線整備の意義に「新幹線新駅の可能性」を初めて盛り込んだことで、勢いづいている。国交省が推進する国土強靭化計画に基づく中部圏広域防災ネットワーク整備計画で、静岡空港にオフサイトセンター（原子力施設の緊急時の応急対策拠点施設）を併設するなどの広域防災拠点化が進められていることも追い風と受け止めている。

川勝知事は、東京五輪時に首都圏空港の容量が不足する見通しであることを背景に、「富士山噴火など災害時の人員・物資の輸送や五輪で訪れる外国人の輸送に貢献できる」と、2020年までに新駅を作ることに本腰で取り組み始めた。「JRに迷惑をかけない」と、新駅の建設費を地元で負担する意思を匂わせているだけでなく、「必要な時だけ停車する臨時駅の扱いでも良い」とまで断言している。2015年度には交通基盤部に新駅担当の理事を配置して推進チーム（班）を発足させるとともに新駅の構造などの調査費を計上し、有識者による技術検討委員会も立ち上げた。

だが、肝心のJRは、一貫して否定的な見解を崩していない。現在の稠密ダイヤや隣の掛川駅との距離が近すぎる点を挙げ、新駅ができると東海道新幹線の高速性の維持が難しくなるとの理由だ。

確かに静岡県には、すでに新幹線駅が熱海、三島、新富士、静岡、掛川、浜松の6駅も設置されており、静岡〜掛川間に新駅ができると効率が落ちるばかりか、列車の運行が複雑になって現行ダイヤが維持できなくなる。空港周辺には取り立てて需要の大きな施設もないので、年間54万人（2014年度）、1日当たり1480人の乗降客数だけでは、すべての航空利用者が新幹線を利用したとしても、「こだま」上下約60本の1列車当たりの乗客は約25人に過ぎない。

また、現在の静岡空港の国際線の入国管理体制は、1時間当たり1便（250人前後）に過ぎず、2017年度に拡張されても3便が限界である。16両編成の新幹線を静岡空港のアクセスに使用するには、輸送力が違い過ぎるのだ。

国際線旅客の乗り換えに利用するということにも無理がある。日本に就航路線の少ない長距離路線は別として、静岡空港への国際線の乗り入れは、ほとんどが韓国、中国からの路線だ。同地域からは他の都市への乗り入れが多く、わざわざ静岡空港まで来て新幹線に乗り換える必然性は薄い。ましてや、短距離輸送を目的にしている「こだま」だと、静岡空港駅から東京（1時間半）や京都（2時間15分）へ移動するのも効率が悪く、せいぜい神奈川〜愛知までが限界である。

むしろ、静岡駅に「のぞみ」が停車した方が機動力を発揮できるのではないか。

リニア中央新幹線開業後の伊丹空港の活用

伊丹空港の正式名称は、大阪国際空港というように、関西を代表する基幹空港だ。1939年に大阪飛行場に代わる空港として、逓信省航空局が建設した。大阪駅から11㎞、新大阪駅からは何と5㎞の至近距離にある。

開港時にはわずか53ヘクタールだったが、以降拡張を続け、現在はおよそ6倍の約311ヘクタールになっている。最初は滑走路が1本だったが、1970年の万国博覧会を機に拡充され、本格的なターミナルビルが完成した。

伊丹が社会問題でクローズアップされたのは、1964年のジェット機乗り入れによる騒音公害だった。当時のジェット旅客機の騒音は大きく、体感では現在の4倍にも感じられたが、空港周辺は都市化の影響で住宅が迫っていた。地元住民や自治体の反発は大きく、関連11市による「大阪国際空港騒音対策協議会」が結成され、夜間の飛行停止を求める訴訟が起こされた。運用時間の短縮化（7〜21時）と、空港移転を前提にした関空建設へとつながっていった。

国は、住宅・公共施設の防音工事、住宅地の買い取り、発着便数の制限、騒音の大きい機種の乗り入れ禁止も進めてきたが、関空開港時には伊丹を廃止する予定だった。ところが、関空の開港直前に、地元は一転して「伊丹空港の存続」を要求。そのため関西には、関空、伊丹、神戸の3空港が並存し、空港問題を複雑にしている。

1994年の関空開港後の運輸省（当時）は、関西圏では関空をメイン空港にしようと、伊丹の国内線も長距離を中心に関空への移転を図ってきたが、利用者はなかなか移らず、伊丹の重要さは変わらない。それは、伊丹が大阪都心部や神戸、京都からも近く、便利な空港であるからだ。

結局、国は「フライトの追い出し」を中止して、伊丹の経営を関空会社に吸収させ現在に至っている。

２０１４年度の伊丹の運用実績は、年間発着回数13・9万回（関空は14・5万回）、乗降客数は１４６２万人（関空は２００４万人）にも達し、66億円の営業利益を上げている。一部には、「リニア中央新幹線の大阪開業後に廃止」の意見もあるが、地元の一部には国際線の復活を望む声もある。国際便の利用者は、空港での飲食、土産物の購入、タクシーの利用など、地元経済への波及効果が国内旅客よりもはるかに大きいからだ。いずれにせよ、都心に近い大規模空港は２度と作れないことから、貴重な存在である。

リニア中央新幹線は２０２７年に品川～名古屋間が開業する予定だが、名古屋～大阪間のルートはまだ構想段階だ。ＪＲ東海によれば、名古屋から三重県、京都府をほぼ直線で横切り、東京～大阪間を67分で結ぶルートが検討されており、開業時期を２０４５年としている。

リニア中央新幹線が大阪まで開通すれば、羽田～伊丹線は廃止されるとの見方もある。同区間の現行の航空は、ブロックタイム（出発空港のゲートから到着空港のゲートまでの時間）が65～75分であり、空港へのアクセス時間を考えると完敗の状態だからだ。

だが、航空がこのままの状況で２０４５年を迎えるとは思えない。現在の羽田空港はさまざまな条件に縛られて、離着陸のための順番待ちや、滑走路に進入する際に整列するための時間が必要になっている。滑走路は井桁の形で四方向に位置しているのだが、横田空域と東京上空の低高度での飛行禁止で、飛行ルートは狭い範囲に限られている。しかし、東京上空の開放は、2020年の東京五輪までに実現する可能性が高く、横田空域の返還も2030年代にはあり得る。そうなると、羽田の運用はぐっと楽になる。実際、羽田の空域にまだ余裕のあった1960年代には、羽田~伊丹線のフライトもブロックタイム45~50分で飛んでいた。しかも、当時はスピード競争が盛んで、離陸から着陸までの実飛行時間（ブロックタイムから滑走路の往復時間を除く）が最短26分という記録もあるのだ。

伊丹から羽田に向かう飛行機は通常、東海沖で太平洋に出て、大島上空で機首を北に向けて羽田に進入するのだが、当時は乗客数が多くなく（つまり重量が軽い）、天候が良ければ、機長は管制官に「特別コース」での飛行をリクエストした。管制官は横田基地から空域通過の了解を取った上で、横田空域を横切る直線ルートではなく、現在は認められていない横風用B滑走路の川崎側からの進入・着陸を許可したのである。従って、羽田の空域の飛行ルートが多様化して混雑が緩和されれば、実飛行時間30分、ブロックタイム45分も夢ではない。

もちろん、リニア中央新幹線が開業すれば、羽田~伊丹線の乗客が激減するのは間違いないだ

伊丹空港唯一の鉄道系アクセスである大阪モノレール

ろう。だからと言って伊丹を廃港するのはもったいない。また、この頃には技術が進み、航空機の騒音は大幅に減っているだろうから、騒音公害の被害はほとんどなくなるものと推測する。夜間の発着も認められている可能性がある。一方、リニアは騒音・空気の振動に加え、軌道の点検・保守の時間も必要なので、24時間で運行することは難しい。

伊丹～羽田線の減便で生じる発着枠は、新千歳や函館、青森、秋田、仙台、山形、福島、新潟、松本から伊丹へのフライトの増便に充て、伊丹空港と新大阪駅間のアクセスを充実させて、北日本から山陽新幹線沿線の都市に向かう乗客の中継をすべきだ。さらに、日本の国際化が進むと、近隣諸国は国内同様の距離感になり、近距離国際線は国内線同様の感覚になるはずだ。そうなると、伊丹にも韓国、中国、台湾などとの国際線が乗り入れることになり、バス輸送に頼るアクセスでは、不十分になる。

解決策としては、大阪モノレール（大阪高速鉄道）に支線を作り、新大阪経由で大阪駅までを結ぶことだ。伊丹唯一の鉄道系アクセスである大阪モノレールは1997年に大阪空港駅が開業した。空港を出ると大阪駅方面に南下せず、東の門真《かどま》市を目指すため、大阪都心に向かう乗客は隣駅の蛍池で降りて、阪急電鉄宝塚線に乗り換えなければならない。乗り換えなしで新大阪まで行ければどんなに楽だろう。伊丹存続を前提に、西日本の高速交通体系のビジョンを早急に作るべきだ。

熊本空港プラス九州新幹線

熊本は、空港が九州の真ん中に位置し、熊本駅も九州新幹線の中間駅にあたる。この恵まれた環境を活かしてアクセス交通を整備できれば、中部九州の交通の要衝になれる。

熊本空港は路線が充実しており、国内線は、羽田、成田、中部、小牧、伊丹、関空、那覇、天草（2016年1月末頃まで運休）、国際線はソウル、高雄を結んでいる。2014年度の乗降客数は310万6800人（国内305万5100人、国際5万1700人）で、全国11位の規模だが、能力にはまだ相当余裕がある。長さ3000ｍの滑走路があり、計器誘導施設も国内最高のカテゴリーⅢbが備わっているのに加え、駐機場も大型ジェット機5機分を含む8スポットを完備している。

前空港は市の中心部から約7㎞の近さにあったが、都市化の波が押し寄せたため、20㎞離れた現在の場所に移転した。高遊原《たかゆうばる》台地が候補地に絞られたところで、熊本県は空港移転に際して地権者の理解を得るために耕地整理、ダム建設などの土地改良事業を行ったこともあって、空港周辺の自然環境は見事に整備されている。

県は空港の活用に積極的なのだが、今ひとつ、地域と歯車が合っていないようだ。2006年にJALが深夜に貨物専用便を就航させようとしたことがある。2004年にANAが佐賀空港に東京からの貨物専用便を深夜に開設し、高速道路を使って九州一円に翌日配達（逆もあり）して好評を得ていたことをヒントに、JALは地理的条件と空港施設の兼ね合いで、熊本空港に白羽の矢を立てた。当初は熊本県も積極的にバックアップし、大方の了解は取れたのだが、急いだJALが住民説明会を軽視したために周辺住民の怒りを買って、計画案は流れてしまった。県の調整が甘かったことが一番の原因だが、実現していれば、佐賀空港よりも恵まれた立地にあり、熊本空港の可能性はさらに広がっていたことだろう。

現在熊本県は、「東アジアに近接した九州中央に位置し、多くの可能性を秘めた環境を活かし、周辺地域と一体となって進む大空港を整備するとともに、空港を核に地域を活性化する」というコンセプトの『大空港構想』を推進し、目標には「品格あふれる美しさ」「先端技術産業等の知の集積」「九州を支える空港機能」を掲げている。

一方、全通した九州新幹線は熊本が中間駅になっており、「みずほ」で博多から33分、鹿児島中央から43分の距離にある。各駅停車の「つばめ」を使えば、久留米や八代までもすぐの位置にある。従って、航空と新幹線を連携させられれば、熊本空港、ひいては熊本県の存在価値をさらに高めることができる。

問題は、熊本駅と空港間のアクセスだ。最も多く利用されているのは空港バスで、ダイヤ上の所要時間は約50分（運賃は８００円）なのだが、市街地のラッシュ時には渋滞に巻き込まれることが多く、１時間は見ておかなければならない。

そこで、県は所要時間の短縮と利便性の向上を図ろうと、鉄道とワゴンタクシーの連携による「空港ライナー」を試験運用している。空港に最も近い鉄道駅はＪＲ豊肥本線の肥後大津《ひごおおつ》駅だが、ＪＲ九州が２０１１年３月の九州新幹線全線開業にあわせて快速列車「豊肥ライナー」を走らせた（２０１３年３月のダイヤ改正で廃止）ことに連動し、肥後大津駅〜空港間にシャトルバス「空港ライナー」を走らせた。現在、「空港ライナー」を運行しているのは県からの委託を受けた

図5-4　熊本空港の周辺図

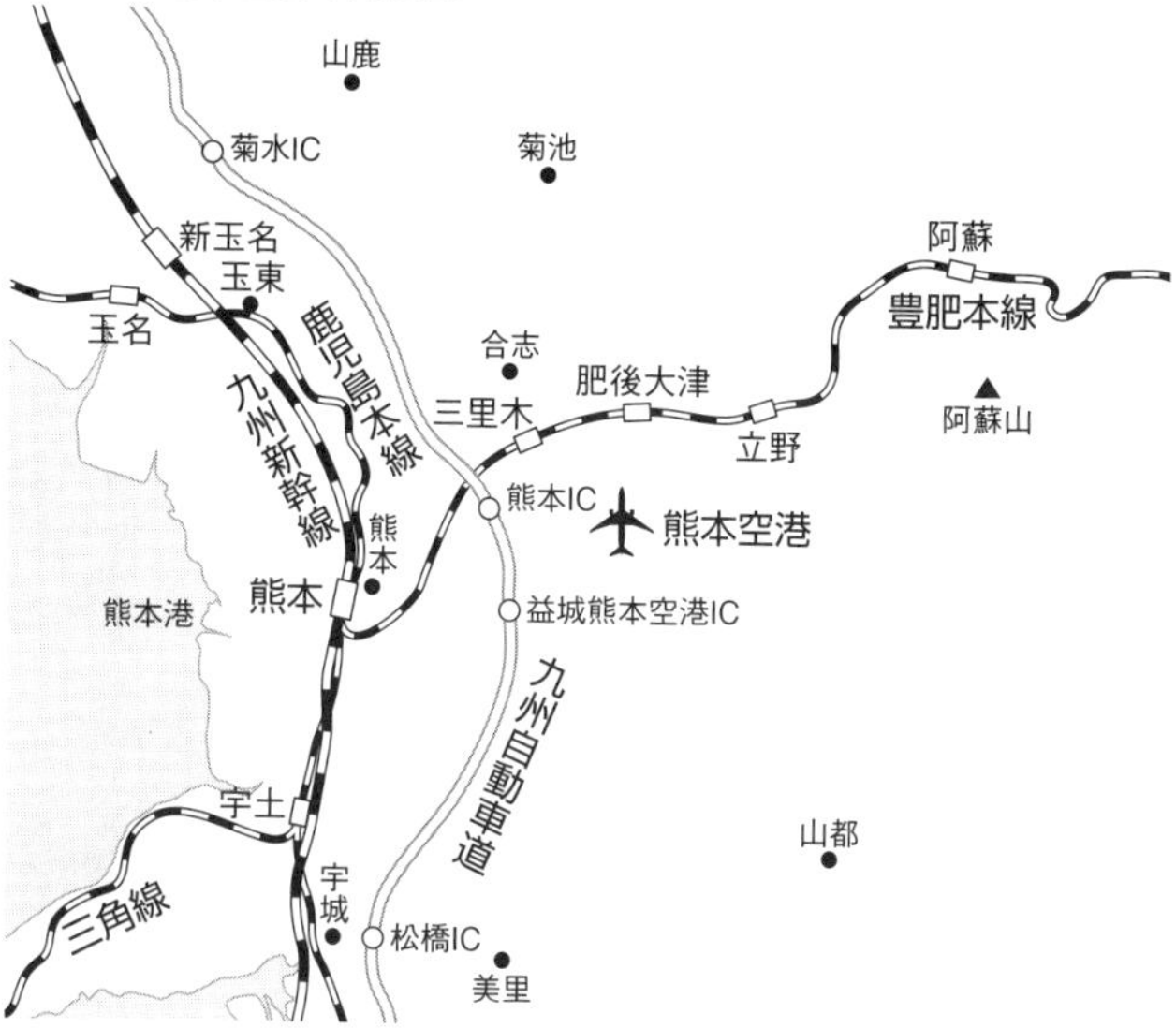

地元のタクシー会社だが、航空便にあわせて1日45便のワゴンタクシーが運転されており、予約なしで無料で乗れる。所要時間は15分ほどなので、熊本駅～空港間が最速47分で到達できる計算だが、肥後大津駅で待ち時間や乗継時間が発生するので実際には1時間近くかかる。

そこで、アクセス鉄道の提案になるのだが、地元では以前から、豊肥本線に分岐線を設けるアイデアがあり、熊本県も2004年から調査・検討を行った。

具体的には、肥後大津駅の2つ手前の三《さん》里《り》木《ぎ》駅付近から空港までの分岐線の新設を検討した。特急が熊本～肥後大津間を30分前後で運転されており、空港まで直通運転すれば35分程度で走れそうだ（図5‐4）。ところが、用地取得や建設費の投資が大きく、新線が経由する運動公園の利用者や空港周辺企業の通勤などの利用を見込んでも、「採算の確保は困難」との試算が示され、２００７年に「当面凍結」の方針が決定されている。

だが、２０１１年の九州新幹線の全線開業で状況は大きく変化した。地域への来訪者が増えた今こそ、豊肥本線に分岐線を設けるアイデアを実行に移す時機である。そうすれば、熊本空港に降り立つ首都圏や中部圏からの旅客が、アクセス鉄道を利用して短時間で熊本駅に到達でき、新幹線に乗り換えて久留米、大牟田、八代、水俣などにスムーズに向かえる。熊本空港が、満杯状態で混雑する福岡空港のバイパスになるのだ。そうなれば、熊本空港に北海道、東北、北陸からの直行便も乗り入れ、航空ネットワークは充実するだろう。また、豊肥本線は久大本線とともに大分とを結ぶ九州横断線であり、阿蘇周辺の都市にも波及効果が期待できる。

鉄道アクセスが完成し、航空と新幹線の連携が機能すれば、九州における福岡一極集中の流れを変え、熊本県や南九州に新たな可能性をもたらすだろう。

4　まとめ

ほとんど消滅する「空港空白県」

「航空と鉄道とのコラボによる新たな交通体系」の構築を目指して提案してきたが、ここからまとめに入りたい。

本書がテーマに掲げたのは、鉄道系アクセスの活用による「空港空白県（県庁所在地）の解消」である。すべての高速交通を航空で担うわけにはいかないのだから、鉄道と連携して、高速交通網の充実を目指すべきだ。

現在、空港のない県は、栃木、群馬、埼玉、神奈川、山梨、岐阜、滋賀、三重、京都、奈良の10府県と、定期便が就航していない福井県がある。航空と鉄道のコラボによって、未設置の不便さを解消できる余地は大きい。

群馬県は内陸である上に山岳地域が多いために空港を作ることは難しい。高崎・上毛高原駅がある上越新幹線の新潟空港乗り入れ策を活用することが賢明だ。埼玉県は、ＪＲ東日本の「成田エクスプレス」が大宮まで乗り入れているが、ＪＲの羽田空港アクセス線と県内に大宮・熊谷・本庄早稲田駅がある上越新幹線の新潟空港乗り入れが実現すれば、大きな恩恵がある。神奈川県はもともと羽田空港に近い上に、アクセス鉄道として京急空港線とＪＲの「成田エクスプレス」が活躍しているため不便さはそこまで感じられない。将来的には、万博時に臨時便を運航した実績のあるアメリカ軍厚木基地が返還されれば、さらに良いだろう。

山梨県は近くに空港がなく、不便だ。一部の人は松本空港を利用しているが、そもそも松本空港は路線・便数が少ないことから、多くの人は羽田や成田まで出ていくことになる。富士山観光の外国人観光客向けに「成田エクスプレス」が富士急行の河口湖駅まで不定期で乗り入れているが、空港アクセスと呼ぶには便が少なすぎる。そのため、やはり横田基地の共有化には、強い関心を持っている。岐阜県は、飛騨・高山など北部地域には富山空港を利用する選択肢があるほか、2つの空港を擁する愛知県に隣接している。距離的に近いのは、小牧にある愛知県営名古屋空港だが、国内地域航空のフジドリームエアラインズのみの就航だ。中部空港までは、岐阜から名鉄が直通の空港特急「ミュースカイ」を運行しているが、需要が多くないのは残念だ。

京都府は、関空までは空港特急「はるか」に頼らざるを得ないが、今や京都は世界で最も人気の高い観光地なので、「はるか」のインテリアに京都らしさを演出して欲しい。また、国内線では、伊丹までバスが頻繁に走っている。奈良県は、空港も直通の鉄道系アクセスもともに存在しないので、「はるか」に乗り入れてもらうことが現実的な方策である。

「びわこ空港」建設が中止になった滋賀県は既存空港までの距離が遠く、1日2~3往復の「はるか」を使っても大津から関空まで1時間半、米原からは2時間半もかかる。にもかかわらず、10年ほど前に一度は正式決定した東海道新幹線の新駅（栗東《りっとう》駅）設置が、地元の合意形成が図れずに中止となったことは理解に苦しむ。福井県は、坂井市に1200mの滑走路を持つ県営空港がある。1970年代まで、東京、名古屋などの路線があったが、滑走路延長に地元の理解が得られず、ジェット化ができないために航空会社は撤退した。従って、現在の福井県民はJR北陸本線かバスで隣県の小松空港を利用している。残りの、栃木県は自動車交通、三重県南部はJR紀勢線で南紀白浜空港に出るが、中部国際空港までの海上交通に頼らざるを得ないが、将来への課題が残る。

しかし、こうして見ると、11府県あった「空港空白県」が、アクセス鉄道との組み合わせで、ほとんどなくなる。反面、現状の利用度から見て、将来的に維持が難しそうな地方空港もある。就航便数が少なく、アクセスも不十分であれば、利用もしにくいわけで、路線数や空港を取り巻く環境を変えずに多額の助成を行っても十分な利用者は集まらない。自衛隊やアメリカ軍との共用空港（社会資本の有効活用、地元社会との共生の観点からも好ましい）は別にして、日本海側には、高速輸送は鉄道の方が適切と思わせる空港がいくつもある。

これからの日本の交通基盤を考える上では、財源に恵まれていた時代の価値観をもう一度見直し、交通モードの連携を進めながら、利用者にとって便利で効率の良い交通ネットワークを築くべきだろう。その検証と清算を行った上で、本当に必要な空港には、きちんと鉄道系のアクセスを整備すべきだ。

アクセスは空港機能の一部

関連資料を調べていて興味深かったのが、筆者が考えていた空港アクセス「新線」のアイデアには、すべて先達の「案」が存在していたことだった。しかもその多くは、単なる「思いつき」ではなく、かなりの検討が加えられている。特に、新潟空港における上越新幹線の乗り入れ案、広島空港における山陽本線白市駅付近からの分岐線案、熊本空港における豊肥本線三里木駅からの分岐線案、北九州空港における鉄道系アクセス案などは、地元の自治体が何年にもわたり本気で取り組み、技術的検討、採算性の調査まで行っている。そして、最終的に断念する理由の多くは、採算性である。

しかし、冷静に考えてみれば、鉄道系アクセスは滑走路やターミナルビルと同様に、空港施設の一部ではないだろうか。速達性が重要な航空も、都市とのアクセスに時間を取られているようでは真価を発揮できない。アクセスが整っていない空港は、「玄関のない住宅」のようなものである。社会資本の有効活用、関係組織・企業における費用の分担、初期投資の軽減、その場しのぎで投入される助成金の見直しなど、再検討すべき課題はたくさんある。

近年の自治体の中には、利用度の低い空港の利用を維持するため、地元利用者の航空運賃に恒常的な補助を行ったり、航空会社に多額の助成を与えたりするケースがある。運用開始の試用期間ならば仕方がないが、助成期間が長年にわたる事例や、契約内容が航空会社の努力を奮起させるものになっていない事例も見受けられる。だが、本来であれば公共交通の一部の利用者だけに税金を支出することは不公平であり、むしろ利用しやすくするためにアクセス交通を含めた環境条件の方を改善すべきなのではないだろうか。それでも利用度が低く、長期的にも十分な利用が見込めないのであれば、廃止を検討せざるを得ないだろう。

そしてアクセス構想は、「航空と鉄道」や「鉄道事業者間」の連携や調整だけで実現できるケースが少なくない。東京モノレールの新橋延伸、２つの蒲田駅を結ぶ蒲蒲線構想、広島空港への白市駅付近からの分岐線などでは、国や地元自治体、経済界のイニシアティブが計画を推進する力になりそうだ。社会資本の効率的な活用や、利用者の利便性の観点から、強いリーダーシップを発揮してもらいたい。

航空と鉄道の連携の可能性、必要性をさまざまな角度から検証してきたが、国がその視点を強く持っていないことが残念だ。

歴史的に、どの国でも輸送モードは国による縦割りで整備されてきた。特に欧州では１９８０年代から基本法が制定され、モードを調整し、環境問題と交通の過疎をまとめて解決するための「総合交通政策」が取られてきた。モード単位での改善では限界がある環境問題や、縦割りで整備を進めることによる過疎化といった問題を総合的に解決しようとするものだ。配達時間に余裕のある物資は環境に優しい鉄道や水運を利用し、モードごとで効率を求めると、交通機関は目先の需要が大きい市場に集中するので、小さな市場は取り残されて交通の過疎になる。従って小さな市場は、モードを選択して需要をいずれかのモードに寄せるか、モードを横断して交通手段を維持し、住民の「交通権」を確保する。

その考えを参考に日本でも「交通政策基本法」が起案され、２０１３年に国会で成立し、施行された。だが、日本の「交通政策基本法」は日常生活における「交通権」の確保、地域・国際交流の促進、物資の円滑な流通が主眼に置かれ、モード間の調整や政策の総合性は薄い。

「交通政策基本法」で総合的な交通体系の整備に触れているのは第24条だけで、「国は、徒歩、自転車、自動車、鉄道車両、船舶、航空機その他の手段による交通が、それぞれの特性に応じて適切に役割を分担し、かつ、有機的かつ効率的な交通網を形成することが必要であることを踏まえつつ、道路交通、鉄道交通、海上交通及び航空交通の間における連携並びに公共交通機関相互間の連携の強化の促進その他の総合的な交通体系の整備を図るために必要な施策を講ずるものとする」とある。そして、「施策の総合的かつ計画的な」推進計画を進める上で「交通政策基本計画」の策定を定め、施策についての基本方針、目標を求めている。

そこで、初めてとなる「交通政策基本計画」が注目されたのだが、2015年2月に閣議決定された2020年までの「交通政策基本計画」を見ると、航空と鉄道との協力・連携については第2章「基本的方針、目標と講ずべき施策」の「基本的方針B・成長と繁栄の基盤となる国際・地域間の旅客交通・物流ネットワークの構築」の中の「目標③訪日外客2000万人に向け、観光施策と連携した取組を強める」に、「広域周遊ルートの形成を促すため、複数の空港とその間を結ぶ鉄道等が広域で連携して訪日外国人旅行者を誘致する取組を促す方策を検討する」とあるだけだ。

つまり、狭義での空港のアクセス鉄道分野でのみ、航空と鉄道との協力・連携を求めている。これでは欧州主要国が進めている「総合交通政策」レベルには、はるかに及ばない。確かに前段で触れているように、「日常生活等に必要な交通手段の確保」「国際競争力の強化」「大規模災害への対応」「バリアフリー」などは明示されているものの、既存の施策の深掘りが多く、新たな発想の転換などは見られない。

国土交通省は、2000年の省庁再編で運輸省と建設省、国土庁、北海道開発庁が統合されて誕生したが、組織運営は分断されたままだ。また、旧運輸省は鉄道局、自動車交通局、海上交通局、航空局など縦割り組織で構成され、総合政策の観点が希薄であったが、このような組織構成も継承されている。

ところが、近年の日本の実情は格段に厳しくなっている。前段で、「我が国は、人口急減や少子化、超高齢化、都市間競争の激化等のグローバリゼーションの進展、巨大災害の切迫、インフラの老朽化、地球環境問題、ICTの劇的な進歩等の技術革新の進展など、多様かつ重大な課題に直面している」と述べているように、課題が山積する一方で財政はひっ迫度が増しており、整備に潤沢な資金を用意できない状況だ。

そして、2015年8月14日には、次の国土形成計画(2015~2025年)が、閣議決定された。今回の計画の特色は「本格的な人口減少社会に初めて正面から取り組む」「地域の個性を重視し、地方創生を実現する」「イノベーションを起こし、経済成長をさせる」計画とされ、基本コンセプトに、人口減少に立ち向かう「コンパクト+ネットワーク」「地域の個性を磨き、地域間・国際間の連係によって活発な『対流』を起こす」などが掲げられている。

確かに、第2部第4章第1節「総合的な交通体系の構築」では、「交通がその機能を十全に発揮するためには、道路、鉄道、港湾、空港等がそれぞれの特性に応じて役割分担し、有機的かつ効率的な交通ネットワークを形成する総合的な交通体系を整備する必要がある。高規格幹線道路、整備新幹線、リニア中央新幹線等の高速交通ネットワーク、首都圏空港、国際コンテナ戦略港湾等の早期整備・活用を通じた対流の促進を図る」とある。

だが、既存施設や既存計画の有機的かつ効率的な整備は唱えられているものの、交通モードの選択・統合まで踏み込んでいない。将来を見据えた基本計画であるならば、現状からの延長線だけでなく、未来の視点からの誘導が必要なのだ。

この機会に、縦割りの施策で発展を遂げてきた日本の交通体系を連携・融合させて、高度化を図ることが最も賢明ではないだろうか。

2015年10月　杉浦一機

【参考文献】

○アンソニー・サンプソン：著　大谷内一夫：訳『エアライン―世界を変えた航空業界』早川書房（1986年）
○石川潤一：著『旅客機発達物語―民間旅客機のルーツから最新鋭機まで』グリーンアロー出版社（1993年）
○運輸政策研究機構『国際共同研究：アジア諸国における都市間交通システム―課題と展望』（2009年11月27日研究報告会）
○ANA50年史編集員会：編『大空への挑戦　ANA50年の軌跡』全日本空輸（2004年）
○加藤周一：編『世界大百科事典』平凡社（1988年）
○角本良平：著『新幹線 軌跡と展望―政策・経済性から検証』交通新聞社（1999年）
○川島令三：著『超・新幹線が日本を変える。リニア開通2025年の高速鉄道網』K.K.ベストセラーズ（2008年）
○クリスティアン・ウォルマー：著　安原和見・須川綾子：訳『世界鉄道史―血と鉄と金の世界変革』河出書房新社（2012年）
○小磯修二：著『経済波及効果分析の意義と役割―釧路地域における観光消費の経済波及効果調査研究の実践から』（公益財団法人日本交通公社『観光と文化』No.225／2015年4月）
○相澤美穂子：著『アジアFITマーケットの現況―台湾を事例として』（公益財団法人日本交通公社『観光と文化』No.219／2013年10月）
○近藤喜代太郎：著『アメリカの鉄道史―SLがつくった国』成山堂書店（2007年）

○杉浦一機：著『激突！東海道戦―「のぞみ」対航空シャトル』草思社（２００１年）
○須田　寛：著『東海道新幹線三〇年』大正出版（１９９４年）
○谷川一巳：著『空港まで1時間は遠過ぎる!? 現代「空港アクセス鉄道」事情』交通新聞社（２０１３年）
○種村直樹：著『鉄道と国内航空の角逐をたどる』（「鉄道ジャーナル」１９９８年4月号）
○中村浩美：著『旅客機大全』新潮文庫（２００２年）
○日本航空：編『日本航空10年の歩み―１９５１―６１』日本航空（１９６４年）
○日本航空：編『つばさとともに』日本航空（１９７０年）
○藤原裕之：著『期待集まる外国人観光客の消費』（日本リサーチ総合研究所調査研究部「金融経済レポート」No.59／２０１４年2月21日付）
○野田正穂・青木栄一・老川慶喜：編『日本の鉄道―成立と展開』日本経済評論社（１９８６年）
○原田勝正：著『産業の昭和社会史8 鉄道』日本経済評論社（１９８８年）
○p・Sデンプシー&A・Rゲーツ：著　吉田邦郎・福井直祥・井手口哲生：訳『規制緩和の神話―米国航空輸送産業の経験』日本評論社（１９９６年）
○三宅俊彦著『時刻表百年のあゆみ』交通研究協会（１９９７年）
○ロナルド・E・G・デービス『Lufthansa An Airline and Its Aircraft』Crown Publishers Inc. New York（１９９１年）

杉浦一機（すぎうらかずき）
1947年生まれ。航空アナリスト、首都大学東京客員教授。東京都や成田市の航空及び空港問題の委員会委員などを歴任。利用者サイドに立ったユニークな評論をモットーに活躍中。著書に「日本の空はこう変わる」「生まれ変わる首都圏の空港」（交通新聞社）、「空の上の格差社会」「激安エアラインの時代」（平凡社新書）、「エアライン敗戦」（中央公論新書）、「間違いだらけのLCC選び」「JAL再建の行方」（草思社）など多数。

交通新聞社新書083
進む航空と鉄道のコラボ
空港アクセスが拓く交通新時代
（定価はカバーに表示してあります）

2015年10月15日　第１刷発行

著　者——杉浦一機
発行人——江頭　誠
発行所——株式会社　交通新聞社
http://www.kotsu.co.jp/
〒101-0062　東京都千代田区神田駿河台2-3-11
NBF御茶ノ水ビル
電話　東京（03）6831-6550（編集部）
東京（03）6831-6622（販売部）

印刷・製本—大日本印刷株式会社

ISBN 978-4-330-61415-1